心を病んだらいけないの？

うつ病社会の処方箋

斎藤環　與那覇潤

新潮選書

まえがき――與那覇潤

「家族や友人がどうも、心の病らしい。メンタルクリニックに連れていこうと思うが、よい医者の探し方を教えてくれないか」

ぼくのように双極性障害（双極症。躁うつ病）をオープンにして活動していると、意外なくらいこうした相談が舞いこんでくる。まだまだ「心の病気」は人前では隠すことといった偏見は強いから、誰にも打ち明けられず抱えこむ人も多いにちがいない。

また心についての悩み方は、「もうずっと気持ちが真っ暗だ。俺はうつなんじゃないか」といった、本人に病識（＝自分の病気についての認識）がある場合のみとは限らない。当人は元気いっぱいで「バリバリのやり手」のつもりだけど、コミュニケーションの取り方が常軌を逸していて、むしろ周囲が苦しんでいる。なにかの病気なのかなとも感じるけれど、そう伝えてハラスメントだと訴えられたら大変だから、誰も手を出せない――。そうした状況は、いま職場でも学校でも、めずらしくない。

そして「病気かはわからないけど、とにかく（本人ないし周囲が）つらい」という状態は、じつは「誰の目にもあきらかに病気」なケース以上に、深刻な帰結をもたらす。肉体の病は出血したり患部が腫《は》れたりして、医者へ行けというサインを身体が送ってくれるし、周囲も納得させられる。精神の場合はそうした目印が乏しいぶん、がまんを続ける人ほど他人の目には、一見「それほど異常はない」ように見えてしまう。だからいつになっても苦しさを相談できず、問題を解決するきっかけがつかめない。

もし上記のうちのどこか一部にでも、「ひょっとして、あの体験はそうかも？」と感じるところがあるなら、この本はあなたのために作られている。つまり、現時点での精神の病気の当事者／関係者のみではなく、潜在的には「あらゆる人」のためになることを考えて、患者と精神科医の二人が、一年間をかけてじっくり作った本だ。

たとえば冒頭の質問に対して、ぼくはこんな風に答えている。

「心の病気に、「よい医者」はいません。むしろ、「悪い医者」を避けることを考えましょう」

よい医者がいないというのは、もちろん「全員が悪徳医師だ」「精神医学自体がインチキ」といった意味ではない。誰にとってもひとしなみによい医者はいない。そういう「客観的な名医」みたいなものを探すのは、徒労になるからやめたほうがいい、という趣旨だ。

このことは、外科医と比べるとよくわかる。外科手術の場合、誰の目にも見てわかる病巣が物体（たとえば悪性腫瘍）のかたちで存在して、それを切りとるのが仕事だから、第三者の視点で実績を採点しえる。TVドラマの『ドクターX』のように、宣言どおりに失敗なしで「正しく」病巣を摘出できるのが、よい医者である。

しかし、心の病気とはそういうものだろうか。「はい。ここをばさっと切除すれば、痛みは消えますよ」といった風に、メンタルの疾患は治せるのだろうか。

治せると主張する議論は、あるといえばある。しかし、以下のような言いまわしを読んでもらえばわかると思うけど、そうした理論はもれなく、怪しくていかがわしい。

「生きづらいのは毒親のせいですよ。あなたは自覚がなくても、ずっと親に虐待されてきたんですよ！」（俗流フロイト理論）

「うつなんて脳内の化学物質の異常ですよ。足りない成分を薬で足せばいいんです。いまは性格を明るくする薬だってあるんですよ！」（抗うつ薬万能論）

「心の病気はストレスが原因です。きっと職場でパワハラされてるんじゃないですか。治りたかったら闘いましょう、周りを訴えましょう！」（ストレス一元論）

「あなたはいままで、他の人を傷つけて生きてきませんでしたか？　そうでなければ、きっと前世でなにか大きな罪を……」（オカルト理論）

たしかに世の中には、子どもにトラウマを残す虐待をして平気な親や、人材は使い潰すものだと思っているブラックな会社がある。薬がすっと効いて楽になったり、信仰を持つことで人生が豊かになったという人もいる。それを否定するつもりはまったくない。

だけどそれらはあくまで、個別の事例だ。そこから「全員が必ずそうであるはず」という理論を作り出し、むりやり他の人も同じ型にはめようとすると、おかしなことになる。

病気の体験者として、ぼくが痛感したのはそのことだ。こうした決定論へのあてはめは、当事者の状況を改善することはなく、むしろ悪化させる。原因をひとつだけに決めて「それさえ取り除けばよい」とする発想は、うまくいかなかった場合に（――というか、まずうまくいかないのだけど）しっぺ返しとして戻ってくるからだ。

もしふつうの家族が俗流フロイト理論を信じてしまったら、「うちでは児童虐待なんてなかった。だからお前の病気は自己責任だ」と言うだろう。抗うつ薬万能論を吹き込んだ友人は、「薬を飲んでるのに治らないの？　それは本人の怠けじゃない？」と言って、苦しんでいる人を責め出すかもしれない。ストレス一元論に凝《こ》りかたまった上司や同僚も、「この部署は理想的な環境のはずだ。なのに会社に来れないなんて、いまの若手は甘えてる」と怒り出しそうだ。

もちろんこのとき、患者はなにひとつ悪くない。そしてある意味では、そうやって患者を追いつめてしまう人びとにも、「被害者」としての側面はある。

真の主犯は、物事を一面的な因果関係に単純化し、ほんとうはその単純化自体がまちがっているのに、そのことを認めず「俺は理論どおりやっている。結果が出ないのは、お前のせいだ」とする発想だ。そうしたバイアスに囚われて、他人を攻撃しながら心を荒《すさ》ませていく人たちは、仮にその状態が（いまは）病気と呼ばれていなくても、不幸だと思う。

残念ながら、心の病気に「悪い医者」はいるというのは、このことだ。かかったクリニックの医師が、「長年の勘」でも「医療マニュアルに書いてある」でもなんでもいいけど、とにかく「自分の拠《よ》って立つ理屈のとおりにならない」ことであなたを責め出したら、それは悪い医者である。遠慮なく転院して、縁を切ったほうがいい。

それではぼくらは、どうしたらいいのだろう。もう察しがついていると思うけど、ここでいう「ぼくら」はけっして心の病気を持った人や、その家族・友人にかぎらない。

ひとつの価値観の虜《とりこ》になってしまった人どうしが、「俺の考えどおりにやらないやつらがいるから、世の中はよくならない！」と罵りあって、社会の空気がどす黒くよどんでいく状態を、ぼくたちはもうずっと見てきている。恐れいったことに政治家や知識人といった、本来は大衆に「範を示すべき」立場の人たちまでが、率先してそうした振る舞いを人前で見せあっているのが、いまの日本であり世界だ。

ぼくと斎藤環さんとが、この本で提案したい処方箋はただひとつ、「対話」である。

本論で詳しく見ていくけれど、「飲めば必ず治る」ような奇跡の精神病薬は発明されていないし、「毒親」や「モンスター上司」といった諸悪の根源的な存在を見出して、それを殴り倒すことで病気が治るわけではない。そうした幻想は、「心の時代」と呼ばれた平成——世界史的にいえばポスト冷戦期の三十年間に、当時は相応の背景があって流布したものだ。だけど、けっして特効薬じゃない。

だからぼく自身がそうだったように、心の病気でクリニックに通い出すと、かならず途中で後悔するタイミングがある。言われるとおりにしているのに、全然治らないじゃないか。むしろ副作用でもっとひどくなってるんじゃないか。安易に「医者に頼った」から、こんなことになったんじゃないか——といった具合だ。

そうなってしまったとき、どう乗り越えるのか。その手段が対話だと思う。疑問や違和感を言葉にし、ただしどちらも一方的に見解を押しつけることなく、コミュニケーションを続けること。問題が完全に解決しはしないけど、でも少なくとも一人で思考の堂々めぐりをしているよりは「楽」だから、もうちょっとこの関係を続けてみようと思えること。

そうした条件が整うことで、はじめて治療は継続できるし、結果としていつか「治る」。どんな相手ならそう思えるかは、本人の性格や趣味しだいで違うだろう。だから客観的な意味での「よい医者」は存在しないが、でもあなたにとって「この人ともっと話してみたい」と思える相手が見つかったなら、それはよい医者に出会えたということなんだ。

こうした考え方こそが病気に限らず、いま生きることに悩む人の助けになると、ぼくは思っている。

本書で行われているのは対談であって、治療ではない。けれども斎藤環さんは上記した意味で、ほんとうに「よい医者」だった。とりあげる話題はうつ病や発達障害、ひきこもりといった疾患の治療のみならず、ふつうの日本の家庭や学校、職場、インターネットで広く生じている問題や、それを考察するツール（精神分析や現代思想）の長短にまで及んでいる。端緒となった令和の初月（二〇一九年五月）のゲンロンカフェでのイベントも含めて、ご多忙のなか計六回もの対話に応じてくださった、斎藤さんに心から感謝したい。

基《もと》になった対談は本書に掲載された順序どおりに行われたので、原則としてはそのとおりに読み進めるのがおすすめだけど、どうしてもいまのあなたの悩みに近くて「気になる章」があるなら、そこから先に読んでもらっても大丈夫なように工夫してある。ただし最終章は、できれば最後に読んで、そしてまたこの「まえがき」に戻ってきてくれたら嬉しい。

そのときたぶん、あなたは「対話」というものに、きっといまよりももう少し、期待をかけてみたくなっているはずだから。

心を病んだらいけないの？　うつ病社会の処方箋　目次

第三章　お金で買えないものってあるの？――ＳＮＳと承認ビジネス

心を病んだらいけないの？

うつ病社会の処方箋

第一章　友達っていないといけないの？——ヤンキー論争その後

「歴史を捨てないと」生きづらい時代？

與那覇　お久しぶりです。斎藤さんとはじめてお話ししたのは、私が病気になる直前だった二〇一四年の冒頭でした。[1]当時ぼくは地方大学の准教授で気鋭の歴史学者などと呼ばれ、斎藤さんは不良の同義語のように見なされる「ヤンキー」こそが、実は日本のマジョリティだとする議論で新境地を開かれていたころです。[2]

斎藤　懐かしい。そのときの結論は、「ヤンキーとは歴史感覚を持たず、「永遠の現在」を生きて

1　斎藤環『ヤンキー化する日本』角川oneテーマ21、二〇一四年。当該の対談は與那覇潤『歴史がおわるまえに』（亜紀書房、二〇一九年）にも再録。

2　二〇一二年に刊行された斎藤の著書『世界が土曜の夜の夢なら　ヤンキーと精神分析』（現在は角川文庫）は角川財団学芸賞を受賞するなど高く評価され、インテリ主導の民主党政権が崩壊し、第二次安倍政権が発足する過程を読み解く枠組みとしても流布した。

いる人たちだ」ということでしたね。本人たちが「いま、この瞬間に気持ちよくなれるか」を最優先するので、二〇一一年に反原発がブームになれば「即全部止めて二度と動かすな」、しかし翌年末に保守派の安倍政権が発足すると「中韓にもっとガツンと言ってやれ」といったふうに、社会の空気が極端に揺れ動くという話をしました。

與那覇　その構図がまさに、教壇で当時抱えていた悩みと重なっていて驚いたのです。ぼくとしては靖国問題であれ教科書問題であれ、教師の仕事は「こういう経緯があって、賛否両派ともにそれぞれの歴史を背負って、いま争いあう場所にいるのだ」という過程を示すことだと思っていました。どちらのサイドにつくかは学生自身が授業後に、熟慮の上で判断すべきことで、そこまで教師が決めたら強制になってしまうと。

ところがそうやって学生の主体性を尊重した教え方をすると、往々にしてかえって受けが悪い。むしろ「天皇制」「自民党」「〔新しい歴史教科書を〕つくる会」など、あらかじめ悪玉を決めて「こいつらが悪いっ！」と教える人のほうが、その瞬間にスカッとできるし単位も取りやすいから、いい先生なんだと（苦笑）。いわば、大学が「ヤンキーに媚《こび》を売る施設」になってゆく過程を日々目撃していたのですが、その後そうした事態を象徴する事件に遭遇して病気になり[3]、最終的に離職して、彼らのようなダメなインテリとは縁を切りました。

この新たな対談でお話ししたいのは、むしろその病気のなかで、はじめて考えるようになったことについてなんです。率直に言って、ぼくはもう歴史感覚なんてなくていいと思っている。場合によっては積極的に歴史を「捨てて」いくのだって、あるべきひとつのオプションだと考えているんです。

斎藤　えっ、どういうことですか？

與那覇　ぼくが陥った「うつ状態」を、英語で言うと「ディプレッション（depression）」ですが、これは経済的な「不況」や、社会全体の停滞を指しても使う用語ですよね。世の中の空気が倦《う》んでいて、ここからよくなっていくとは思えない。むしろ右肩下がりでもっと沈んでいくんじゃないかという、不安に覆われた状態がディプレッションです。

個人がうつ状態でなにに苦しむかというと、やっぱり過去と比較しちゃうときなんです。「病気になる前はあれもこれもできたのに、いまはできない」と感じるから、もうこんな自分には価値がないと思いこんで、人によっては自殺まで行ってしまう。つまり、歴史（＝過去から続く記憶）を生きていることが、その人を幸せにするのではなくかえって追い詰めてしまう体験を、ぼくは病気になって初めて知ったわけです。

そうした目でいまの社会を見てみると、病気の前に斎藤さんと議論した「日本のヤンキー性」――歴史を忘れて「いま」しか考えない風潮にも、新しい見方ができるように思います。格差の拡大にせよ少子高齢化にせよ、すでに多くの日本人は、これから右肩下がりの時代が来ることを肌で感じている。そういう局面で「かつて高度経済成長の時代があって……」「バブル期には米国に勝って世界一になるとさえ……」のように過去を引きずっていたら、とても耐えられない。

3　詳細は與那覇潤『知性は死なない　平成の鬱をこえて』（文藝春秋、二〇一八年）、一・四章を参照。

いまの時代に「歴史なんて関係ねぇ！　俺にとって価値があるのは「この瞬間」だけだぜ！」という姿勢で生きる人を、たんに反知性主義だとしてバカにしていればよいのか。もしかしたらそれは、なんとかうつ状態に陥らずに社会全体のディプレッションを生き延びるための予防的な対応なのかもしれないと、ふと感じるようになったのです。

現状維持のなかで膨らむ不安

斎藤　たしかにうつ状態のときは、過去の悪い点のみをなんども反芻して悔やんだり、「だから自分はお先真っ暗だ」と未来を先取りして悲観的になり、どんどん絶望のほうに思考が進んでしまうことがあります。後ほど詳しく見ますが、精神医学ではそういった意識を「ポスト・フェストゥム（祭りの後）」と呼んできました。人生で大事なことは、もはやすべて終わってしまったのだ、とする思考の構えを指す比喩ですね。

　そうした行き止まりから抜け出すためには、むしろ「イントゥラ・フェストゥム（祭りの最中）」のように意識を「いま・ここ」に集中させ、自分には「つねに現在しかない」とするメンタリティが有効なのかもしれません。これは私がヤンキー批判の文脈で引用した丸山眞男の[4]「つぎつぎになりゆくいきほひ（勢い）」、すなわち、今—今—今—今……と今だけが連なって成立している時間感覚にも通じるところがあります。

　長く続いてきた自公連立政権の奇妙な安定も、そのことと関係があるのかもしれません。安倍政権の特徴は、あまり大きな路線変更もなく、良くも悪くも「時間が止まっている」感覚を国民に与えている点だと思うんです。世界が目まぐるしく動いているにもかかわらず、そこまで「バリバリのやり手」「優秀」という雰囲気のない安倍さんが首相で、日本会議のようなおなじみの保守派の応援団と戯れている。

與那覇　二〇一三年の初夏に『中国化する日本』[5]の中国語版が出たので、プロモーションで北京に行きました。講演後の質問時間に「新首相のアベの政権はいつまで続くのか」と聞かれて、「本人は習近平主席と同じくらい続けたいんじゃないか」と答えたら大爆笑だったのですが、日中ともにいまはもう笑えないですよね。本当にそうなるかもしれない。

斎藤　これは私自身にもある危険な感覚なのですが、このブレのなさに国民が妙な安心感を覚えてしまっているところがあると思うんですよ。自公の鈍感な政治家たちの政権が続いているかぎりは、あたかも現在の安定がずっと続くような期待感と言うか……。特に今の若い世代は、内閣府やNHKのアンケート調査を見ると、もうかつてないほど生活満足度が高い。[6]

與那覇　古市憲寿さんの昔の本（二〇一一年）でいうところの、『絶望の国の幸福な若者たち』で

4　政治学者（一九一四～九六年）。みずからが創始した日本政治思想史の方法を用いて、日本人の意識のなかにある「近代的」な部分と「反近代的」な側面とを剔抉し、戦後民主主義の理論的な指導者となった。「つぎつぎに……」は記紀神話を分析した、一九七二年の論文「歴史意識の『古層』」にある著名な一節。

5　二〇一一年に刊行された、大学勤務時代の與那覇の講義録（現在は文春文庫）。二〇一三年の五月に中国語訳（広西師範大学出版社）、同年七月に韓国語訳（Paperroad Publishing）が出版された。

すね。

斎藤　とりあえず今現在ハッピーだったら、現状維持で良いと考える。一方で、これは大澤真幸さんらも指摘していますけど、先行きの不安というのは、全然消えていないんです。むしろ将来に対する不安は増えている。

つまり変な話なんですけど、不安も増えているけど、幸福度も高まっているという現象が起こっていて、まさにこれが「いま気持ちよくなれるかどうか」を追求するヤンキー化の帰結であろうと考えられるわけです。

與那覇　安倍さんの口癖も、第一次政権（二〇〇六～〇七年）では「戦後レジームからの脱却」でしたが、最近はすっかり「悪夢のような民主党政権（二〇〇九～一二年）」に変わりました。栄光ある未来を共に作ろう、ではなくて、悪夢よりは現状維持でしょ、と呼びかけている。

斎藤　アベノミクスのおかげかどうかはともかく、二〇一九年までの新卒内定率の数字がバブル期並みに上がっていたのは確かなので、「あの就職氷河期の時代に戻るリスクを冒すなんて冗談じゃない」という判断に走るのも、仕方がないかもしれません。

厳密に統計を解析すると、決して賃金は上がっていないし、職場の環境も良くなっていないとわかるはずなのですが、表面的な統計を見ると内定率は高いということで、若い世代は「これは安倍政権のおかげだから支持するしかない」と思い込んでいる。

與那覇　ほんとうは「二〇〇七年問題」（＝団塊の世代の大量退職）で人手不足になるといわれていたのを、定年を六十五歳に延ばして五年間先送りしたのだから、第二次安倍政権が発足した二〇一二年を過ぎれば新卒採用が活性化するのは、ほとんど自然現象なんですけどね。
　そうした直近の歴史さえ忘れていれば、「雇用を改善させた安倍さん、すごい！」という風に見える。恥ずかしいことに、そうした新卒者の誤解にお追従《ついしょう》を言ってウケようとする大学教授も出てきました。

斎藤　政権にとって有利なのは、この先も「今」を盛り上げるイベントの予定が続いて途切れないことです。（ラグビーの）ワールドカップ、オリンピック・パラリンピック、万博……。しかも「令和」の改元という飛び込みのビッグイベントもあって、日本人はもう右も左も関係なくノリノリのアゲアゲで盛り上がりました。

與那覇　それらの行事のどれひとつとして「安倍さんだから」実現したものではないのですが、なんとなくツキを持っている人のように思われてきたわけです。
　先ほどの人口構造と雇用の関係にしてもそうですが、日本人にとっての総理大臣って、もう「政治家」ではないんじゃないですか。原始社会のシャーマンは、たまたまタイミングよく雨が降ってくれれば生き神のように慕われ、降らなかったら戦犯扱いで殺されますが、「所属する社会のトップ」がそれに近い存在に戻っているように見える。二〇二〇年の新型コロナ・パニック

6　古市憲寿が『絶望の国の幸福な若者たち』（講談社、二〇一一年）で内閣府「国民生活に関する世論調査」に基づき、また大澤真幸が『可能なる革命』（太田出版、二〇一六年）でＮＨＫ放送文化研究所「「日本人の意識」調査」に基づき、指摘している。

でも、前のめりで自分から積極的に政策を打つというよりは、良くも悪くも「国民は賢明に行動して下さい」と託宣を述べる〝呼びかけ役〟に終始していますよね。

斎藤　私から見ても、まさしく安倍政権は空っぽのお神輿《みこし》のような気がするのですが、だからこそお祭りをこよなく愛するヤンキーから支持されているように思います。

「祭り」への対応が生き方を決める

與那覇　祭りという観点も、病気を経て自分の認識が変わったもののひとつです。二〇一四年の対談でも最後に、斎藤さんは木村敏さん（精神科医・哲学者）の「フェストゥム」の話をされましたよね。

斎藤　先ほどもふれましたが、精神医学では、人間がもつ時間の意識を「アンテ・フェストゥム（祭りの前）」、「イントゥラ・フェストゥム（祭りの最中）」、「ポスト・フェストゥム（祭りの後）」の三つに分けることがあります。それぞれが、統合失調症・てんかん・うつ病（ないし、躁うつ病のうつ状態）の患者の感じている感覚に近いのではと見なすわけです。[7]

しかし私の見るところ、ヤンキーの時間意識はそのいずれでもない。一番近いのは「イントゥラ・フェストゥム」ですが、むしろ「インター・フェストゥム」――つねに祭りと祭りの間を循環する時間――を生きている。つまり「来年もまたこの祭りで集まって、今年のように騒ごうぜ」といった感覚ですが、これだと時間は何度も同じ場所に戻って円環状に繰り返すだけだから、直線的な方向性を持つ「歴史」をヤンキーは生きていないということになります。

與那覇　自分がうつ状態を体験してふり返ったとき、興味をひかれたのはフェストゥムの三分法のルーツがルカーチ[8]にあったことです。ある人がプロレタリアかブルジョワかは、たんに経済階層のみでは決まらない。「やがて熱狂的な革命の季節が来る！」と予想して（＝祭りの前を）生きるのか、「革命はすでに（一七八九年のフランスで）起こり、終わった。残っているのは微調整の作業だけだ」と感じて（＝祭りの後で）暮らしていくのか、そういう階級意識で分かれる。

　このルカーチの言う意味でも、現在の日本はディプレッション（うつ）として捉えられそうですね。平成の三十年間は祭りの季節で、二回にわたる非自民政権（計四年間）と、五年半の小泉改革という「自民党政治を否定する自民党政権」の熱狂があった。しかしそれはもう終わったのだから、あとは悪夢の芽を摘《つ》むだけの現状維持でいいやと。

斎藤　一方で難しいのは、そのもともとの三分類で言えば、歴史が一番要らないのは「アンテ・フェストゥム」の統合失調症になるんです。

　精神科医の中井久夫さんは「微分回路」という言葉で説明しましたが[9]、微分とは、変化分だけ反応することの比喩ですね。一方で、過去のデータベースはいっさい参照しない。カエルの目玉

7　木村敏『時間と自己』中公新書、一九八二年。

8　哲学者・革命家（一八八五〜一九七一年）。ハンガリーに生まれ亡命の多い生涯を送る。意識や文化の観点を重視する独自のマルクス解釈はソ連共産党に拒絶されたものの、欧州の左翼や現代思想に大きな影響を与えた。

9　中井久夫『分裂病と人類』東京大学出版会、一九八二年。

のように、（過去のデータとは無関係に）目の前で動いたものだけに反応する。つまり、統合失調症の人は、未来の兆候にすごく敏感なんですけど、過去のデータを参照しないので蓄積が生かされず、とても疲れやすいということになります。

反対に「積分回路」は、データに頼ってしまうので反応は遅れがちだけど、安定した反応ができる。だから躁うつ系の人は、意外に常識人が多いというふうに言われてきました。

與那覇　いまのお話を聞いて、いかに歴史学者というのが割に合わない職業だったかが改めてわかりました（笑）。たしかにアンテ・フェストゥム的な意味でも、「歴史はもういらない」と唱えている人は多くいますよね。典型はIT系の自己啓発界隈です。

彼らは「AIとビッグデータと5Gの通信網が結合して人間の労働者を不要にする」といった未来を夢見て、祭りの前を生きている（六章参照）。この人たちは市場の微細な変化への反射神経が過敏なほど鋭いから、昨日まで推していた潮流を見切って今日から乗り換えるのは普通ですよね。そういう業界で歴史を生きようとしたら、毎日「俺は過去の自分を裏切った転向者だ」と悩むことになるから、苦しいでしょう。

一方でポスト・フェストゥムの世界でも、直近の過去を振り返って「ああ、中途半端な革命で終わってしまった。というよりむしろ悪夢だったかもしれない」としか感じられなかったら、文字どおりうつになってしまう。結果として、予防医療のようにインター・フェストゥムへと移行（＝ヤンキー化）して、反原発・反レイシズム・反安保法制・反セクハラ・反ＬＧＢＴ差別・反緊縮……と、そのとき旬な「デモのお祭り」を渡り歩いている人は多いと思います。

過去を問わない「ヤンキー的な寛容」

與那覇　ぼく自身が「ポスト・フェストゥムを真剣に悩んでうつになるくらいなら、歴史を捨てるのは全然ありだ」と感じるようになったのは、二〇一五年に約二か月、入院をしたことがきっかけです。各種の研究もしている大学病院だったこともあって、病名としても年齢層としても、幅広い患者さんと知りあうことができました。

プライバシーの関係で詳しくはお話しできませんが、なかには世間ではヤンキーと呼ばれるだろう方も何人かいて、本当によくしてもらったんです。その過程で、歴史を持たない——わかりやすく言いなおすと、たとえば「前歴に執着しない」生き方というのが、一つのモラルであると同時に治療でもあると感じるようになりました。

たとえば病気の前に大学の教員として多数の本を書いていると、自分としては「それなのにいまは会話もできないんだ。みじめだね」とバカにされるのかな、と身構えてしまう。でも、これって完全にインテリの思い込みなんですよ。ヤンキーの人がぼくの職歴を知ったところで、「へー、そうなんだ」で終わりです。

こちらが「病気のせいで、あれもこれも失ってしまった」と落ち込んでいるときに、「そんなこと、別にいいじゃん！　いま、ここで出会ったんだからさ、一緒に頑張ってこうよ！」というノリで過去は一切問わず、無条件で仲間として扱ってくれる。そこにすごく癒されたんですね。

斎藤　ヤンキーに癒された……それはいい経験をしましたね。彼らは若い頃はやんちゃで暴力的な傾向もありますが、いったん社会に出て適応すると、基本的に明るく裏表がなくて社交的な、いわゆる「いい人」になることが多い。

あとポイントなのは、意外に弱者にやさしくて、あんまり差別をしない。

與那覇　「ヤンキー的寛容」とでも呼ぶべきものがあるんじゃないかと。そういう目で見るとわかる気がするのは、性や結婚の問題ですね。極度に年の差がある相手とつきあうとか、離婚歴のある人・子連れの人と結婚することに対して、「……それ、大丈夫な女（男）なのか」みたいに陰口を言うのって意外とインテリのほうですよね（苦笑）。

もちろん「本当のインテリ」であれば、そういう先入観はよくないな、とあとから理屈で自分を修正するはずなんですけど、ヤンキーの人は最初から「好きになったら関係ねぇじゃん！」みたいな。

斎藤　まあ、それだけ場当たり的に生きているだけとも言えますし、仲間内ではむしろ結婚・離婚歴が多い方が尊敬されるということもあるのかもしれません（笑）。

しかし、彼らがある意味で非常に寛容で、ある種の倫理性を担保しているのは間違いない。ほかにも若者の「動員力」とか、伝統文化の担い手という側面とか、ヤンキーカルチャーにも良い面が多くあるのは確かで、私もそこは公平に見て評価しなければならないと思っています。

カウンセリングに学ぶ「歴史認識問題」

與那覇　退院したあとはリワークデイケアに二年間通いましたが、そこで臨床心理士の勧めもあって、能力が回復してからは病気に関する本を読むようにしていました。そこで目から鱗《うろこ》だったのが、精神療法について言われる「同意でなく共感を」という考え方だったんです。

斎藤　カウンセリングの基本ですね。一番端的な例で言えば、クライアント（相談者）から「もう死にたい」と言われたら、どう答えるべきか。そのとき原則とされるのが「同意はしないが共感はする」という考え方です。

「死にたい」という点に同意してしまったら、本当に自殺してしまうかもしれないので、そこは同意してはいけない。一方で相手の「死ぬほどつらい」という気持ちには、しっかり共感する必要があります。「そんなのダメでしょ」のように否定するだけでは、クライアントは突き放されたと感じて、やはり自殺に向かってしまいますから。

もっとも、他人事のように「そんなにつらいなんて、かわいそう」というだけでは同情（シンパシー）に過ぎず、相手の心に響かないので、「あなたの置かれた状況で、死にたくなるのは無理もない。私だってそうなる」という共感（エンパシー）が大切だとされています。

與那覇　「親不孝だ」「周りの人が悲しむ」などと説得するのも良くないそうですね。

斎藤　一般論的な説得は全然ダメで、効果がないんです。ただ「私はあなたに死んでほしくない」と伝えるのは構いません。それは一般論ではなく、本人の心がこもった価値観ですから。

もっとも、いきなり「死んでほしくない」と言っても、そこに共感がなければやっぱり無意味なので、まずは相手の話をしっかり聞いて、共感することが必要です。

與那覇　ぼくが入院中にヤンキーの人たちに励ましてもらったのも、まさに共感を通じてだったと思うんです。たとえばぼくの書いた本を全部読んで内容に同意したうえで、「ふむ、あなたは非常に優秀な学者だ。その人がうつで人生終わりだなんてもったいない」みたいに言われたって全然うれしくないし（笑）、そもそもそんなこと起こらない。

　そして実は歴史学者として、病気の直前まで悩んでいた課題にも、答えをもらったと感じたんですよ。ある時点までのぼくも含めて、歴史学者は逆に「共感なき同意」ばかりを求め続けて、袋小路に入ってしまっていた。

斎藤　えっ、歴史学者にも同意や共感が必要なんですか？　ひたすら実証的な世界のように見えるのですが。

與那覇　ぼくのように専門が日本の近現代史だと、どうしても「歴史認識問題」を何とかしろという社会的なプレッシャーがあるわけです。しかしたとえば多くの学者が取り組んだ、日中韓三か国で「同意」できる歴史像を描こうとする試みは、成果がなかったどころかマイナスでした。[10]同意を求めて細かく史実を掘り下げるほど「いやいや、そこでは一致できない！」というポイントが、前より多く見つかっていくわけですからね。

　ほんとうに大事なのは、同意がなくても「共感」できるルートを作ることだった。むしろ同意は求めてはいけなかったと、いま思うんです。

斎藤　なるほど……。カウンセリングの方法論が、まさか歴史学にも応用できる可能性があるなんて驚きです。

與那覇　自分の失敗を踏まえて整理してみると、そもそも同意と共感は対立する概念ではないですよね。同意の対義語はたぶん二つあって、もちろん一つは「反論」（反発）ですね。お前の主張は間違っている！　と相手に言い返す。そしてもう一つが実は「無関心」です。何を言われようが、たんに無視して、相手をしない。

単純に図式化すると、同意と反発と無関心が三角形になって、共感というのはその真ん中の広いエリアとしてあるわけですね。歴史学者がやってきたのは、日中韓の一般国民がいま反発の極にあるので、少しずつでも同意の極へ引っ張っていこうと。しかしそれは引っ張られるほうにとって大変ストレスなので、反作用のように力が翻《ひるがえ》って「無関心の極」へとみんな吹き飛んじゃった。ほんとうは、最初から真ん中を目指すべきだったんです。

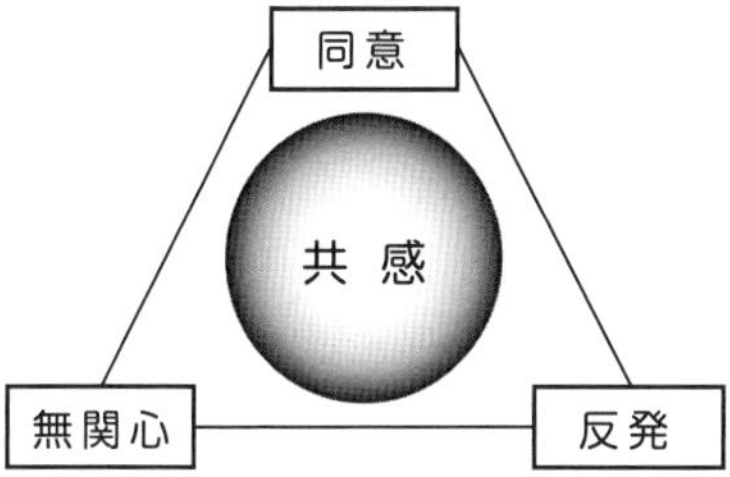

斎藤　カウンセリングでもよくあることですが、最初から論争の構えが出来てしまっていると、いくら共感をベースに行きましょうと言っても受け入れてもらえないんですよね。たとえば「盗聴されている」という妄想を訴える患者さんに対して、「誰

10　この点について詳しくは、與那覇潤『荒れ野の六十年　東アジア世界の歴史地政学』（勉誠出版、二〇二〇年）の序章を参照。

にもメリットがないだろう」「証拠はあるのか」のように事実関係を争うと、かえって自説に固執されてしまいます。

むしろ事実認定は後回しにして、まずは共感的に言い分を聴く姿勢が重要なんです。つまり「私は盗聴された経験がないからわからないけど、そんな状況は不安だし、きっと苦しいですよね」と、一度受け止めてあげる対応が基本になります。

與那覇　歴史界隈にも「共感だけではだめだ！　同意していないかぎり、あいつは完全な味方ではなく、潜在的な敵だ！」という正義感を振り回して、問題をこじらせてゆく（自称）学者は結構います。慰安婦問題であれば、韓国の政府や運動体が掲げている歴史認識に全部同意せよと。それ抜きで同情や反省だけを語る人は偽善者であり、安倍政権の手先だというわけです。

こうした人々に貶《おとし》められてしまった「共感」の地位を、どう回復していくか。それは歴史問題を離れても、生きやすい社会を作っていくうえで大事な課題になると思っています。

友達とは「条件なしの承認」をくれる人？

與那覇　斎藤さんの一連のひきこもり論には、よく「条件つき／条件なし」という命題が出てきますね。ぼくが病棟で感じたヤンキー的な寛容ないし共感にも、これは大きくかかわっていると感じています。

斎藤さんのお考えは、「いい成績を取ったから、子どもを褒《ほ》めてあげる」とか「一流企業で高い給料をもらってくるから、夫を愛する」といった、条件つきでの愛情自体に問題があるのだ。そうした条件を外さないと治療は始まらないということですよね。

斎藤　そうですね。

與那覇　しかし大事なのは、そこから「条件なしの愛情を注ぎなさい」といった流れになる議論には批判的で、条件をつけないことは大事だけど、それを「愛情」に結びつける必要はない。むしろ「承認」することが大切だと、斎藤さんは提唱されています。

愛情と承認は、同意や共感と同様に、通常は「どちらもポジティブなもの」として混同されている気がします。わかりやすく弁別するとどのようになるのでしょう。

斎藤　アメリカの小説家で八〇年代に人気のあったカート・ヴォネガットの名言として知られる、「愛は負けても親切は勝つ」という言葉があります（正確には、ヴォネガットに届いたファンレターにあった言葉）。愛情は最終的に「相手を所有すること」や「相手との一体化」を望む感情なので、少なくとも治療上では手放しで歓迎できない。古くは共依存[11]、今ならイネイブラー（Enabler：結果的に他者の疾患を助長してしまう人）と呼ばれるような、ひきこもりや依存症から離脱しにくくしてしまう側面があるんです。

対して「承認」とは、相手を自分とは独立した個人として尊重し、肯定することですから、こ

11　DVなどで、加害者と被害者とがお互いに相手を必要としあってしまう、つまり被害者も「私がこの暴力に耐えることで、相手が生きてゆく役に立ってあげるのだ」といった意識に陥ってしまうこと。被害者の側も依存しているという語感から、暴力の責任が曖昧にされるおそれがあるため、近年は避けられる傾向がある。

れは「親切」にも通じます。言い換えるなら、「他者の他者性」を肯定し受け入れることが承認、その他者性への配慮が親切、となるでしょうか。

與那覇　ひょっとすると承認のことを、愛情に対して「友情」と呼んでみるとわかりやすいのでしょうか。愛という言葉が入ると、最後は心中するところまで突き詰めて一体になる印象がありますが、友情は同一化するというより「傍《そば》にいてあげる」イメージですよね。

実際にぼくは病気の体験を踏まえた『知性は死なない』（二〇一八年）で、能力や属性を問わずに自分とつきあってくれる人のことを「友達」と呼ぼう、と提案しました。この元になっているのが、歴史意識を持たない——前歴を問わない人たちに支えてもらった入院の体験なのですが、そこから「条件なしの承認（友情）を与える場」として、ヤンキー的な寛容さを再評価することはできそうな気もします。

斎藤　たしかにヤンキーには、同じ場所にいるだけで仲間になれるという包摂力があります。たとえば、東日本大震災の被災地でも「同じ釜の飯を食ったんだから」とすぐに仲間になって、復興支援で活躍するという強みを発揮しました。

ただ本当に「条件なし」と言えるかどうかは……。ヤンキーには、人間の尊厳を一回取っ払わないと仲間にしないみたいな変なルールがあると思うんですよ。まずは社会的な地位とかインテリ臭い気取りを全部取っ払って、「裸の人間どうしが平場で語り合う」みたいなイニシエーションを通過して、はじめて仲間として認める傾向があるように思います。通常とは違う形ですが、これも「条件つき」と言えるかもしれません。

與那覇　たしかにアメリカの映画や小説には、人前で裸になるとか恥ずかしい告白をするとかして、はじめてサークルへの入部を認められる的なシーンが出てきますね。ぼくの病棟でのつきあいにも、全員が「発病して入院する」という通過儀礼を経ていたからこそ、円滑にいった側面はあると思います。

近代社会はメリトクラシー（能力主義）で出来ているから、どうしても「この学校に合格した」「この店を使えるくらいお金を持っている」といったプラスの条件をつけた上で人とつきあい、その範囲が友達だと思いこんでしまう。「そんなの関係ねぇ！　俺らは仲間だろ」というヤンキー的なエートスは、それへのアンチテーゼにはなっているのだけど、逆になにがしかのマイナスの条件を、秘かに課している場合も多いのではないかと。

「話せばわかる」を信じ続ける日本教徒

斎藤　もう一つ、ヤンキーの「条件なしの承認」で気になるのは、何かをきっかけに仲間と見なさなくなった相手に対しては、非常に厳しく当たるという点です。仲間外れにされる基準はいろいろあって難しいのですが、とにかく一回外れてしまうと、本当に過酷なんですね。

たとえば前回の対談ではヤンキー文化を考察するうえで、山本七平[12]の「日本教」という概念を参照しました。山本の表現によると、日本人とは「日本教」の信者（日本教徒）のことであり、その日本教の内実は要するに「人間教」だという。妙に納得してしまう半面、そこには本当にあらゆる人間が入っているのかという懸念を感じます。

與那覇　山本七平はイザヤ・ベンダサンというユダヤ人を装ってデビューした評論家ですが、ユダヤ人とは本来はユダヤ教徒のことで、旧約聖書に書かれた「神との契約・律法」をモラルの源泉にして暮らす。これに対して日本人には唯一神も聖典もないんだけど、「ぶっちゃけ人間、みんな同じようなもんだ。一回裸になって、腹を割って話しあえばわかりあえるんだ」という信仰をもとに、社会を作っているということですね。

斎藤　私なりの解釈を付け加えると、日本教が想定している人間は「ちゃんと機能している人間」なんです。頑張っている人間、意思疎通ができる人間、これが標準形なのだから、全員がそれに合わせて振るまいなさいということになる。

逆にいうと、そうではない人間はダメなんですよ。空気を読まないとか、あるいは障害を持っていて意思疎通ができないとか、そういう人に対しては、非常に酷に扱ってしまう面がある。

日本教は宗教ではないにもかかわらず、ある種の宗教的な機能を持っていて、山本の主張を今日風に言い換えると、そうした人間信仰こそがベーシックなＯＳ（オペレーション・システム）なんです。日本人はその上に、どんな宗教もエミュレーターで取り込んでしまうので、神道にも、仏教にも、キリスト教にも対応できてしまう。

與那覇　山本自身も、日本人のクリスチャンは実際にはキリスト教徒ではなく、内実は「日本教徒キリスト派」だと皮肉っていました。

斎藤　だからみんながクリスマスを祝って、神社で初詣して、仏壇に線香をあげるという行動を違和感なく取れてしまう。でも、どれにも本当にはコミットしていないということです。

與那覇　病気を体験して改めて思うのですが、神ではなく（均質化されたイメージでの）人間を信仰の対象としてきたことは、日本における「条件なしの承認を与える場」の乏しさにつながっています。

キリスト教圏、特にフィリピンや中南米などの途上国では、現地の人の心の拠《よ》り所というか、本当に困ったら「最後は教会へ行けばなんとかしてもらえる」ところがあるわけじゃないですか。それはそうですよね。だって全能の神なんだから、助けなきゃ嘘なわけです。

同じような機能が日本史上でどう展開したかを探った網野善彦[13]は、「無縁所」という言葉を作りました。ぼくはいまそうした空間が、いよいよなくなりつつあるという危機感を持っています。たとえば日本型雇用とは、一回新卒で会社に入ってしまえば、後から「使えない」とか言われても定年までいられる点で、多くの人にとっての駆け込み寺でもあったのですが……。

斎藤　ある意味「サラリーマンは気楽な稼業」だったわけですが、今や終身雇用も風前の灯です。

與那覇　そこからこぼれた人たちを救ってきたのが、自営業や非正規雇用の世界に見られるヤン

12　評論家（一九二一～九一年）。一九七〇年に『日本人とユダヤ人』でデビューし、初期には自身の軍隊体験に基づき日本の伝統や組織原理を厳しく批判しながらも、徐々にそれらを一個の文明として評価する立場に転じた。本書で主に参照されているのは、一九七二年刊行の『日本教について』。

13　歴史学者（一九二八～二〇〇四年）。一九七八年の『無縁・公界・楽』で読書界に日本中世史ブームを起こした。同書の含意については與那覇の『荒れ野の六十年』、山本との対比は『歴史がおわるまえに』を参照。

キー的な相互扶助のセーフティネットだったと思うんです。ただしそこには、あくまでも人間教であるがゆえの限界――「この国で標準的とされる振る舞いができる人間である」という条件がついてしまうと。

もうひとつ、ヤンキー文化のマイナス面として前回も議論したのが、「空気読め」といった曖昧な規則で統治される分、何がルールなのかイマイチわからないということですね。

斎藤　これがはっきりしないんですよ。日本教のベースはいちおう神道なのでしょうが、これは島田裕巳さん（宗教学）が指摘するように教祖も教義も存在しない特異な宗教なので、成文化された経典を設ける方向にはいきません。

だからといって無秩序ではなく、むろん規範らしきものはあって、「おふくろに感謝」「絆《きずな》最高」「気合い入れてけ」的な成分が空気を構成しています。図式的に整理するなら、親孝行は儒教、絆や縁の重視は仏教、気合いは神道由来……なんでしょうか（笑）？　組織形態としても、基本はタテ社会なので「上司」「先輩」「年長者」を立てる一方、「下剋上上等」みたいに造反者やなり上がりを賛美する風潮もあって、論理的な整合性には乏しいですね。

與那覇　自身がプロテスタントのクリスチャンだった、山本七平が問題にしたのも同じ点でした。ユダヤ教やキリスト教なら、聖書という形でルールを明示するけれど、日本教の場合は経典がないから、何が規則なのかはっきりしない。だから『論語』など従うべき道徳のテキストがしっかりあった分、儒教時代の中国人・朝鮮人のほうが、日本人よりも西洋人（のインテリ）に近いと山本は見ていた。

ぼくが山本の予言を侮れないと思うのは、たとえば近日の米中貿易戦争です。中華系ＩＴ企業のファーウェイは、きちんとグーグルと契約（＝明示的なルール）を結んでビジネスをしてきて、だからグーグルは今後とも同社と取引をしたい、約束したことを守らせてくれと米国政府に頼んでいる。いっぽうでアメリカのヤンキーの親玉のようなトランプ大統領は、「過去なんて知るかバカ。てめぇら空気読めや」とちゃぶ台をひっくり返して、日本のヤンキー保守もそっちについていく。こうした事情がきれいに見えてきます。

半グレの登場と「英国化する日本」

斎藤　トランプはアメリカ人なのに、カタカナの和製「ヤンキー」的なところがすごいですよね（苦笑）。もうひとつヤンキーカルチャーの問題点を挙げると、彼らの疑似家族的な倫理性や包摂性が、階層を固定化する方向に作用してしまうことです。

イギリスで社会学の古典になった『ハマータウンの野郎ども』（ポール・ウィリス）が指摘したことですが、不良カルチャーにドップリ嵌《は》まった子ほどタテ社会の秩序に従順でブルーカラー労働への適応性が高く、階層が固定化されてしまう。もちろんヤンキーは「夢」を語るし、行動力を活かして実現する人もいるわけですが、そうした人はごく少数派で、ほとんどのヤンキーは親の家業を継ぐか地元企業に就職します。地元愛、同胞愛ゆえともいえますが、それが階層間の流動性を下げたり、階層の固定化につながっているのも事実でしょう。

與那覇　「いま・ここ」で得られる快感だけに神経を集中させていると、社会全体を見渡して「この世の中にはやはり、不平等があるのではないか」などとは思わないから、搾取されても気づかないということですね。

　イギリス社会論の本にはよく、労働者は労働者向けのパブに集まってワイワイやるのが居心地がいいから、上流階級向けのお店や大学に行けなくても気にしないという話が出てきます。逆にエリート層のほうが「最近、刺激を求めて庶民向けの店に行ったけど、味があっていいねぇ」などと言っているらしいことは、高校生のころ「コモン・ピープル」[14]という歌で知りました。

斎藤　現在の日本も同じ構造になりつつあって、貧困層のヤンキーでも、仲間と一緒にそれなりにハッピーに暮らせる術を身につけていると、現状に満足してしまう。それはヤンキーカルチャーがセーフティネットとして優れていることの証左でもありますが、だからこそ階層を固定化・再生産してしまう面があるということです。そのことを身も蓋《ふた》もない形で表現したのが、原田曜平さんの「マイルドヤンキー」[15]という概念なんですけれども。

與那覇　斎藤さんの本のヒット以来、学者やジャーナリストといった本来インテリ志向の人たちが、「ヤンキー集団に入ってみました」「キャバ嬢やってみました」といったノリで、物珍しさで売ろうとする覗き見的なヤンキー・ルポを発表するようになりました。だんだん日本も、イギリスに近づいているのかもしれませんね。

　さらに気になるのは、そうした問題をはらみつつも（特に地方で）地域の「秩序の担い手」として機能してきたのがヤンキーの良いところだったわけですが、最近は都市部の歓楽街などで、完全に反社会的な集団が台頭しているようです。

斎藤　「半グレ」ですね。今はヤクザが暴対法で締め上げられているから、半グレ集団という形で活動する。頻繁《ひんぱん》に離散集合するので取締の対象になりにくい。かつてヤクザにあった倫理観すらもない、よりアナーキーな集団になってしまった印象があります。

精神医療に関連する分野（依存症治療）でいうと、「危険ドラッグ」と同様に、規制と逸脱のイタチごっこがもたらした現象にも見えます。こうした問題に対処するためにこそ、単純に「原因」を除去するという発想ではなく、フィードバック（＝よかれと思って行った対策の副作用）にも目を向ける、システム論的な思考が必要なのですが……。

與那覇　報道によると、まずは友達感覚で接近して仲間にしたところで、文字どおり全財産をカタにとって奴隷的に働かせるとか、そうしたパターンで拡大するのが「半グレ」のやり方らしい。最初は条件なしで承認したかのように装っておいて、あとから条件つきだよと。「あれだけ面倒みてやったんだから、俺に恩を返せよ」と言って手下にしていくのは怖いなと思います。

この「あたかも条件なしの承認だと思わせる」手口自体は、昔から大学のカルト宗教サークルなどにあって、じつは学生時代、ぼくの身近にも被害者がいました。東大に入って「失敗した」

14　英国のバンド、パルプが一九九五年に発表したヒット曲。わざと上流階級の目線に扮して「あなたみたいな「普通の人」のように暮らしたい」などと歌い、同国の階級社会を皮肉っている。

15　原田曜平『ヤンキー経済　消費の主役・新保守層の正体』幻冬舎新書、二〇一四年。

と思っている――もう勉強ができるだけでは承認を得られないし、むしろ自分はここでは平均以下、「負け組」だと感じている子が狙われていた印象があります。

「条件なし」で自分を認めてほしいという欲求は、市場競争が過酷になり地域・会社・家族が全員を包摂できなくなるなかで、確実にこれからも高まっていく。結果として「俺たちだけは、条件なしで友達になってやるよ」と称して、裏で巧妙に搾取する集団やビジネスも出てくる。後者のような「明白な悪」を叩くだけなら一見容易だけど、ほんとうは前者にある根源的な不安を治癒しないと、有効な対策にならないということですね。

だからこそ、友達とは本来条件なしのつきあいのことなんだ。そんなのは当たり前であって、高値で売りつけたり恩に着せることではないんだという認識を、しっかり広めていく必要を感じています。


【この章のポイント】

あなたが「○○だったら」仲良くしてあげる、という条件をつけてくる人は、ほんとうの友達じゃない。たとえ相手と価値観が違って、お互いの主張に「同意」することができないときでも、人には「共感」を通じて存在を承認してもらう権利があることを、忘れないようにしよう。

第二章　家族ってそんなに大事なの？——毒親ブームの副作用

精神分析は「科学」ではない？

與那覇　友達と同様、誰もが必要性を疑わない存在に「家族」がありますね。しかしこれまた友達と同様、「その本質とはなにか？」「いかなるあり方が望ましいか？」を考えはじめると答えが出ない。そのことで悩んでいる人は多いと思います。

斎藤さんは医学部のカリキュラムを修了された「精神科医」であると同時に、フロイト[16]に端を発する「精神分析」の専門家でもあります。精神分析は有名なエディプス・コンプレックス[17]の概念をはじめとして、患者の悩みの原点を本人の家庭環境に見出し、治療していく理論だと思われ

16　精神分析家（一八五六〜一九三九年）。ウィーンを舞台に「無意識」の概念を提唱し、患者の夢や連想を手掛かりに長期間の対話を通じて神経症を治癒させる、独自の治療法を打ち立てた。本文でも触れるとおり、精神分析は実験や投薬を中心とする標準的な心理学・精神医学とは異なる、まったく別個の知の体系である。

ていますよね。しかし斎藤さんの本には「精神分析は〈学〉ではない」とも書いてある。これはどういう意味なのでしょうか。

斎藤　要するに、近代科学の還元主義とは異なるということです。尊敬する分析家の十川《とがわ》幸司さんも言っていることですが、精神分析は「あなたの精神の状態は、この理論のこの指標に該当するから、何病ですね」といった鑑別をするための〈学問〉ではありません。医学部で扱う精神医学のように、疾患を統合失調症・双極性障害（双極症）・単極性のうつ病……として網羅的に分類する、普遍的な区分を志向してはいないのです。

エディプス・コンプレックスなどいくつかの骨格はありますけれども、精神分析には学問としての体系があるわけではなく、言ってみれば「心の状態を解釈するためのツール（道具）」なんです。その側面を強調すると、「〈学〉ではない」という言い方になるわけです。

與那覇　論理学に「アブダクション（Abduction）」という言い方がありますが、精神分析の理論はそれに近いわけですね。演繹法の「この前提があれば必ずこうなる」といった強い論理ではなく、「現在の結果（＝患者の状態）から逆算して考えるに、真理かどうかはわからないけれど、今のところこれがもっとも筋が通る説明だ」と。

なぜお聞きしたかというと、推理ドラマに出てくる分析医は「犯行の背景にはこうした欲望があり、その原因は犯人のトラウマだ！」のように、「真実」を特定してしまうじゃないですか。それは本来の精神分析ではないよ、という前提を読者に伝えておくのが大事だと思うんです。

斎藤　そのとおりですね。ただ困ったことに現実の社会でも少なからぬ分析家が、「真理愛」という言葉を使うぐらい真理が好きなんですよ（笑）。批判者に「精神分析は幻想に過ぎない」と言われがちなので、反動で一部の分析家が「患者が陥っている幻想を破って、核にある〝真理〟を探り当てる」ことを目標にしてしまう。それが誤解を助長している面もあります。

実際には、近代医学の根底にあるＥＢＭ（Evidence-Based Medicine：科学的根拠に基づく医療）という発想に対して、精神分析はＮＢＭ（Narrative-Based Medicine：物語に基づく医療）の系譜に基づくものです。患者自身の物語を尊重し、対話を重視して治療していく。患者さんが何らかの幻想に囚われているなら、「それはこういう幻想なのではないですか」という仮説を提示して苦しみを解いてあげるべきで、一方的に「真実」を突きつける必要はないとする考え方です。

與那覇　気になるのは、だとすると精神分析が行うのは「患者を苦しませる幻想」に対抗して、客観的な真実というより「もっと生きやすくなる別の幻想」を与える作業なのかということです。そうだとすると「スピリチュアルの本で読んだオーラの理論で楽になった」とか、「抗うつ薬よりホメオパシーで治したい」というのもＯＫになりませんか。

斎藤　私自身の考えを言えば、幻想でも患者が治るなら結構な話で、命に関わらないような限定的な範囲であれば、ホメオパシーでもかまわないと思っています。具体的には、患者さんが「な

17　ギリシア神話に登場するオイディプス王（エディプス）のように、幼少期の男子は母親への愛情から、父親とのあいだに緊張関係を抱える。通常はその葛藤を乗り越えて成熟するが、家庭内での虐待や異様な溺愛などのために、親との適切な距離感が取れないと、後年に精神病理として発現するという考え方。その妥当性や、女子への適用可能性については論争がある。

にがなんでも精神科の薬は嫌だ。理想は自然治癒だ」という物語を信じている場合には、ホメオパシーのような民間医療を勧めてあげた方が、むしろ治りがいい場合もある。医学部的な精神医学でも精神療法といって、患者との対話に重きをおく治療法はきちんとあるのですが、ＥＢＭで押し切ろうとすると薬物治療中心主義になりやすくて、「薬は飲みたくない」という患者に「じゃあ治療はできません」と平然と言い放つ医師がいるのは大きな問題です。

しかしご指摘のように、カルトないしオカルトを信じたら「改善しました」という患者さんを認められるかというと、これはそう単純にはいかない。どこで線を引くかと言えば、その治療によって「主体性が回復したり、自由度が増したりする結果」が得られるかどうかです。最終的には治療者に依存しなくなって自立できたら「結果オーライ」ですが、特定の教団のメンバーにされてしまってそこから出てこれなくなるような治療法は、認めてはいけません。

與那覇　なるほど。二〇一九年にデイケア論として話題になった『居るのはつらいよ』の東畑開人さん（臨床心理士）の旧著に、沖縄のシャーマン的な民間医療を取材した『野の医者は笑う』があります。同書でも、実際に新興宗教のような治療が「効く」人はいるし、近代科学でそれらを一概に否定することはできないと書かれていました。

一方で対談した際に東畑さんが強調されたのも、まさしく「治ったあと」まで考えないといけないという論点です[18]。オウム真理教[19]のヨガ道場で精神的な苦しさが治ったとしても、そのまま信者になってしまったら最後は不幸になるかもしれない。物語ベースの治療に有効性があるからこそ、回復したあとに「どういう物語が残るのか」が重要になるということですよね。

斎藤　確かに「治る」だけなら、事実として、戸塚ヨットスクールのようなスパルタ的矯正施設でひきこもりが「治る」人はいるわけです。ただし一般的には、フィジカルな暴力やカルトによる洗脳だと、治ったように見えてもあとでぶり返したり、うつになったりすることが多い。この点でもなにが病気に「効く」かを判定する際、単に「症状が取れる」だけでは十分ではなくて、治療終結後の経過まで見てから判断してゆく必要があります。

ＥＢＭを無視した治療のリスクが大きいことは、きちんと周知されなくてはいけません。しかし一方で、患者さん自身が自分に合ったナラティブ（物語）を選んで回復する自由も確保しておかないと、治療が貧しいものになってしまうと思います。

與那覇　まさに核心を突くご発言だと思います。実はぼくはいま、「あなたが苦しいのは家族（＝幼少時の家庭環境）のせいだよ」とする精神分析の物語の意義が、大きく反転しつつある気がするんです。かつてそれは「そうか、私が悪いんじゃないんだ。親に問題があったんだ」として、患者を自由にしてくれるものでしたが、いまもそうだといえるでしょうか。

18　東畑開人・與那覇潤「私たちは「有益じゃないと意味がない」という思い込みから逃れられるのか」文春オンライン、二〇一九年四月十四日。

19　一九八四年にヨガ教室として発足した新興宗教。集団生活を通じて徐々にカルト色を強め、批判者や退会希望者の監禁・殺害事件を起こす。警察による強制捜査が迫る中、九五年春に都内地下鉄で毒物を撒くテロを行い、社会を震撼させた。幹部は逮捕され宗教法人格も失ったが、現在も複数の後継団体がある。

トラウマは「虚構」でもかまわない？

與那覇　斎藤さんが二〇〇三年の著書『心理学化する社会』で指摘されたように、平成の日本は精神分析や心理学の影響が、かつてなく広がった時代でした。結果として「トラウマ（心的外傷）」などと表記されていた専門用語が、いまや説明不要な日常の語彙として定着しています。

ぼくの観点も交えてパラフレーズすると、一九八九年の冷戦の終焉を受けて、マルクス的な社会科学の影響力が衰退する。「この生きづらさはどこからくるのか？」を考えるときに、資本主義の下で自己疎外が……といった「社会」に責任を求める思考法が、決定的にダサくなっていった。その隙間を「あなたが苦しいのは幼少時のトラウマゆえです」といった、個人ごとの「心」で説明する語り口が埋めたのだと思います。

斎藤　テレビのバラエティなども平成の初頭から、「心」や「性格」にフォーカスを当てるようになりました。大きかったのは一九九一年から始まった「それいけ!!　ココロジー」という番組です。「青色が好きな人はこういう性格」みたいな俗流心理学なんですが、番組を書籍化した本が九二年の年間ベストセラーのトップになったんですよね。この時期は女子高生の「将来なりたい職業」のトップが「カウンセラー」だったりもしたんです。

衝撃的な事件や犯罪が起こるたびに、有名な精神科医が駆り出される傾向が定着したのも同じころです。「自分探し」のみならず社会事象全般の解説役が、心理学や精神医学の専門家に委ねられ出したともいえて、私の師匠に当たる故・小田晋さんは、こうしたブームに先鞭をつけた一人でした。もっとも九〇年代の「心理学化」ブームは、二〇〇〇年代を通じて「脳科学化」に置きかえられていった印象があります（四章参照）。

與那覇　九一年はアカデミー賞を独占する映画『羊たちの沈黙』が、世界的なサイコスリラー・ブームを起こした年でもありました。主人公の女性捜査官が心にトラウマを持っていて、指南役を務めるのが元・精神科医で収監中の食人鬼であるハンニバル・レクター博士。真犯人のシリアルキラーが相対的に凡人に見えてくる異常な作品で（苦笑）、「みんな心を病んでいる」のが先進国の問題の源泉だ、という空気を描いています。

日本でも長らく「自称」に近かったカウンセラー資格をきちんと整理して、公的な「臨床心理士」が設けられたのが一九八八年。九五年には文部省（当時）がいじめ対策として、スクールカウンセラーの設置事業を開始。二〇〇二年には臨床心理士の資格整備に貢献した河合隼雄さん[20]が関わって、教育現場で『心のノート』の配布が始まります。

斎藤　一九九五年はわが国の「ＰＴＳＤ[21]元年」でもあって、阪神淡路大震災で心のケアということが言われるようになりました。またオウム真理教事件が発覚し、教団が信者を「マインド・コントロール」してきたと報道されたことも、心理学への注目を高めたと思います。

20　心理学者（一九二八～二〇〇七年）。京都大学で長く教鞭をとり、平成期には文化庁長官も務めた。ユング派の精神分析に基づく『母性社会日本の病理』などの文明評論は、村上春樹や宮崎駿の創作にも影響を与えた。

21　心的外傷後ストレス障害（Post-Traumatic Stress Disorder）の略称。衝撃的な出来事に遭遇した結果、事件からだいぶ後になっても反復的に精神・身体の異常に襲われる症状を指す。

また同じ九五年で特筆すべきは、社会現象になったTVアニメ『新世紀エヴァンゲリオン』です。「ヤマアラシのジレンマ」「リビドー」「死の欲動」といった心理学・精神分析のジャーゴン（専門用語）をちりばめ、物語も全体として庵野秀明監督の「自分探し」に見える内容でした。

しかしそれが「厨二病」（中二病）だとして笑われるのではなく、むしろ時代の気分を捉えて広く支持されたんですね。九〇年代後半はハリウッドも心理学ブームで『シックス・センス』や『L.A.コンフィデンシャル』など、「トラウマもの」のモチーフを取り入れるのが、高い評価と大ヒットを両立する方程式といった感じがありました。

與那覇　ある意味で、心理学的な啓蒙が「成功した」時代ではあったわけです。震災の後遺症に苦しんでいる人が「気合いが足りない」「心が弱い」などと言われる社会よりは、「いや、PTSDという概念がありまして」として配慮が受けられる社会の方が絶対にいいですからね。

しかし『心理学化する社会』にもあるように、俗流バージョンも含めて心理学の知識が普及しすぎた結果、社会の前提が書き換わってしまった面があります。いまや精神科やカウンセリング・ルームにかかる前から「どうせ「家族とうまくいってますか」とか訊《き》かれるんだろ?」と、患者さん自身が身構えている。これだとかえって治療にならないこともあるそうですね。

斎藤　患者さん自らが「私、先生に〝転移〟しちゃいました」とか言いますからね（笑）。心理学化は患者の自己洞察を深め、治療の前提を受け入れやすくする反面、そうした技法を先取りして「先生は、マニュアルに私をあてはめてるだけじゃないか。そんなやり方じゃ治らない！」という、メタ的な葛藤や不満を訴える患者も増えました。

臨床家はそういう患者を「境界性パーソナリティ障害」――平たくいうと、こじらせたややこしい性格だなどと診断しがちですが、多く指摘があるように、彼らの問題の多くは医原性、つまり心理療法の中で「かえって新たに傷つけられてしまった」ことに起因しています。つまり、彼らもまた心理学化の犠牲者という側面があるのです。

與那覇　いわば、心理学のマンネリ化による副作用ですね。その負の面がいちばん強く出たのが、俗流精神分析による「心の病は幼少時の虐待（愛情不足）が原因」というテーゼだと思います。本来の精神分析ではそうした物語を作るのは、患者さんがよく生きられるようにするための「技法」だったのですが、通俗版ではかつての虐待を「真実」として特定してしまうわけですよね。

実際に北米で問題になったのは「つらい記憶はありませんか？」と訊かれているうちに、「あ！　私はきっと小さいころ、親戚にレイプされたんだ」みたいな……。

斎藤　「思い出し」ちゃうんですよ。カウンセラーと話しているうちに、いろいろ学習して〈記憶の捏造〉が起きてしまうんです。そして訴訟社会ですから、「叔父さんをレイプで訴える」ようになるのですが、裁判で証拠を調べた結果、冤罪だとわかる。有名な例では、一九九〇年代にアメリカで問題となった「偽記憶症候群」（False Memory Syndrome）があります。

近親姦などのトラウマの記憶が治療中に蘇ったとして、患者が加害者とされる親族を告訴するケースが急増しました。その結果、身に覚えがない親族の一部は性的虐待を否定すべく「そのようなトラウマは治療過程で捏造され、患者に植え付けられた偽の記憶である」として「偽記憶症候群」と命名し、逆に治療者（精神分析家など）を告訴しはじめたのです。活動は全米に広がり、

「偽記憶症候群財団」なる団体まで設立されるほどでした。

「トラウマ」の事実関係を争うと、こうした問題が起こるのは必然です。しかし、自分を虐待した親族を訴えて慰謝料を払わせても、トラウマが癒えるわけではありません。犯罪は司法が、トラウマは精神医療が別個に対応すべき問題で、それぞれの倫理基準は別物なのに、ごちゃまぜにして「元凶は本人か、親族か、医者か？」のような悪者探しが行われてしまいました。

　こうした事態はおっしゃるとおり、精神分析の「通俗化」による副作用です。実はフロイト自身は、ヒステリーの背景に児童虐待があるという仮説を立てたあと、「その虐待は幻想である可能性もある。必ずしも実際に起こったこととは限らない」とも言っています。これは患者を貶めているのではなく、たとえ虐待が幻想であっても、それは心的現実（＝本人の主観では現実）なのだから、実際に経験したトラウマと等価として扱うべきだという主張だったのですが、虐待の事実を否認したとして、長らくフェミニズムがフロイトを論難する根拠にもなっています。

與那覇　フロイトとユング[22]の決裂を描いた、二〇一一年の『危険なメソッド』という映画に雰囲気が出ていますが、誕生時の精神分析はヨーロッパの上流階級を顧客にしていました。批判者の見方では、フロイトはお得意さんである患者の家族に媚びて、「虐待があったというのはあくまで患者の主観です。真実とは限りません」と日和《ひよ》りだしたんだと。こういうわけですね。

斎藤　もうさんざんな批判が出て、「（現実の）虐待があって病む」という図式が精神分析の理論だという単純化が起き、それがサブカルチャーを通じて拡散していったのです。

アダルト・チルドレンから「毒親」へ

與那覇　「心を病むのは親（の虐待）が原因だ」という精神分析の通俗化が、アメリカでは捏造された記憶による訴訟の多発という外向きの副作用を生んだとすると、日本ではむしろ内向きの弊害が出てきている気がします。

メンタルの疾患を抱えた人を見たとき、周囲が勝手に「家族仲に問題があったんじゃない？あそこの親ってちょっと変だし」のようなレッテルを貼ってしまう。すると逆に、患者を抱えた親はそう見られるのが怖いので、子どもをきちんと通院させなかったり、「気合いの問題だ！」などといって病気であることを否定したりする。患者を生きやすくする技法だったはずの物語の普及が、妙に「真実視」された結果、逆に当事者を生きにくくしていないでしょうか。

斎藤　この問題はなかなか厄介で、もともと家族主義が強い日本社会では、子どもの養育に関して「親を批判すること」自体がタブーに近かったんですね。しかし一九七〇年代から八〇年代にかけて「三歳児神話」や「母原病」[23]の概念が流行しはじめると、いわばそうした家族主義の裏返

22　精神分析家（一八七五〜一九六一年）。スイスに生まれ、オーストリアのフロイトとともに初期の精神分析を牽引するが、のち神話や宗教を人類共通の無意識とみなす独自の視点を打ち出し、あくまで個人のライフヒストリーに則って分析を行うフロイトと決別した。

23　「母親は子どもが三歳になるまでは育児に専念すべきであり、それを怠ると母性の不足が原因となって、子どもの発育がゆがめられる」といった考え方のこと。当初から医学上の根拠はなく、科学的に否定されている。

しとして、母親の育て方が子どもの人生をすべて決めるといった極論がまかり通るようになります。「育て直し」や「全受容」（＝子どもの問題行動をすべて受け入れること）のようなインチキ治療論が、児童問題の専門家の間でも大流行したのもこの時期です。

三歳児神話や母原病の理論はそもそもデータに基づくものではなかったので、否定されていきましたが、現在は「毒親」や「愛着障害」といった言葉が同じように機能しています。愛着研究自体には一定のエビデンスがあるのですが（五章参照）、逆にいうとそれゆえにこそ、曲解されて三歳児神話の焼き直しになってしまう恐れもある。正確には、子どもに影響を与える「愛着」は母子関係に限定されないので、そうした解釈はもちろん誤りです。

與那覇　この間の変遷をたどると、まず九〇年代後半に流行した用語は「アダルト・チルドレン」（ＡＣ）でした。愛情不足のもとで育った分、幼少時から妙に大人びた存在になってしまい、うまく他人に甘えることができなくて苦しい。『新世紀エヴァンゲリオン』の碇シンジの造形がさまざまにコピーされて広まり、隔世の感がありますが、浜崎あゆみさんも九九年の最初のアルバムでは「傷ついたＡＣの代弁者」というキャラクターでした。

ところがいつの間にか、「おとな子ども」は「いい年なのに振るまいが幼稚なイタいやつ」の意味になり、代わりに出てきたのが「毒親」です。書名としては二〇一一年、雑誌記事のタイトルでは翌一二年が初出らしい。ＡＣは子どもが「過剰に大人びた」状態にあると指摘するだけの呼称でしたが、毒親になると完全に「親＝もろもろの元凶＝悪」と断定しています。

斎藤　この問題には頭を痛めていますが、ＡＣブームのころから歪みはあったと思います。ＡＣ

はもともとAdult Children of alcoholicsの略称で、本来は「アルコール依存症の親に育てられた人が、受けた虐待の記憶によって独特の性格傾向を抱えてしまう」という概念でした。当然そこには、治療の対象をきちんと定義しようとする意識がありました。

それが日本の俗流ACでは拡大されて、とにかく「こじらせて」いる子は全部ACといった単純化が行われた結果、その原因はきっと親なんだという思考法から「毒親」なる概念が出てきたのだと思います。じつは、まだACという呼称が主流だった一九九七年にも『日本一醜い親への手紙』なる本がヒットしてシリーズになり、「親のせいで自分がこうなった」という怨念を読者から募ることがビジネスになってしまっています。

與那覇　二〇一八年に、その本を社員のコントロールに利用していた自己啓発の業者が自殺者を出して問題になりましたね。自殺した女性社員は「自分の苦しさは全部毒親のせい。入社して幸せだから実家とは縁を切る」といった作文を会社のサイトに書かされるなど、異様な環境に置かれていたようです。

もちろん、誰がどう見ても毒としか言いようのない親はいますし、彼らに被害を受けた子どもが「毒親」という概念を知って救われることもあると思うんです。ただ、それは本人が自分で気づくから救済になるのであって、先入見で他人が押しつけたらむしろ暴力の上塗りになってしまう。このジレンマはどうしたらよいのでしょう。

斎藤　私の体験からいうと、ひきこもりの診察では、もう親に対する恨み・つらみは強烈に出てきます。「親に虐待されてきました」と言うので内容を聞くと、「塾に行かせてくれなかった」とか。しかし逆に「行きたくなかったのに、行かされた」ことを虐待だという当事者もいる。いずれにしても、自分の本意でない育てられ方をしたことを虐待と捉えているわけですね。

このとき「そのとおり。君の親は毒親だ」とお墨つきを与えても、「なにを言ってるんだ。そんなのは甘えだ」と突き放しても、事態は悪化します。そうした訴えについてこそ、あくまでも当人の主観的な心的現実として対応する――前章で述べた「同意はしないが共感する」姿勢でひたすら聞くわけです。すると、だんだんその恨み・つらみは消えていくんですね。

それらは根拠がないとまでは言わないけれど、現在の不遇な自分から逆算して出てきた恨みなんです。どうしてこうなったかについて、自分のせいとは思いたくない。さりとて、ひきこもって他人と関わっていないから、唯一関わっている親のせいにしてしまう側面があるわけです。

與那覇　マルクス主義の疎外論が生きていた一九六八年のころまでなら、「社会のせいだ！」として学生運動の中で生きづらさを発散できた部分があるけど、それはもうない。そうするとどうしても問題の「原因」を、自分自身か、本人の近くに求めてしまうと。

斎藤　そのとおりで、誰でも思い返せば「昔、親にこういうことをされて嫌だった」という話は出てくる分、家族はターゲットになりやすいんです。もちろん実際に酷い虐待をする親もいるわけで、その場合は警察等の機関も含めた対処が必要になりますが、毒親ブームの思考回路で患者の訴えを文字通りに受けとった結果、事実関係を見誤ってしまうリスクもあります。

精神分析は科学ではないというところでお話ししたように、親子関係をあくまで「分析のツール」にして、現在のつらい状況を脱する道筋を一緒に考えていく接し方が望ましいと思うのですが……。どうも目下の毒親ブームには親子を善悪二元論で割り切ってしまう風潮が非常に強くて、その構図に嵌《は》まると困った状態になってしまいます。

ただ補足しておくと、やはり従来の価値観の束縛があまりにも強すぎて、「気づかれない家族問題」があったことも事実なんです。たとえば拙著『母は娘の人生を支配する』で描いたのは、無自覚に母親の支配を受け入れてしまった結果、「漠然とした生きづらさ」に悩む娘たちの姿でした。「毒親」という強烈なカウンターを受けて、親からの支配を自覚する契機にできた女性が数多くいた点では、この風潮も悪いことばかりではなかったかもしれません。

與那覇　「私は被害者だ。原因はお前（親）だ！」を、治療者まで一緒になって最初から「結論」にしてしまうのは、まずい。でも本人が自分を被害者だと感じるくらい苦しいなら、まずはそのことを自覚し、落ち着いて言葉にしてみる。もしかすると、親の方が「そんな気持ちにさせていたんだ、ごめんね」となる可能性もゼロとは言えないわけですよね。

斎藤　おっしゃるとおりで、被害者意識でもいいから、そこを家族との対話のきっかけにしてほしいんです。それが精神分析が科学ではなく、ツールであることの積極的な意味ですから。

アドラー・ブームは「フロイトなき反フロイト」

與那覇　フロイト主義への批判ということでいうと、アドラー心理学のブームについても伺いたいと思います。二〇一三年に岸見一郎さん（哲学者）が共著で書いた『嫌われる勇気』が大ヒットして以来、フロイトと決別したアドラーの思想が異常なほど注目され、「トラウマなんて存在しない」といった要約本が多数出ています。

ぼくの『知性は死なない』では批判的に触れたところ、「よくぞ書いてくれた」という評価と「アドラーの真価をわかっていない」という反発と、両方あったのですが……。

斎藤 ひとつはっきりしていることは、アドラーの理論を治療に使っている臨床家はほぼいないということです。あれはある種のマッチョイズムなので、心が弱っている人には向きません。フロイトの精神分析は患者のトラウマを（仮にそれが幻想でも）共感的に受け止めるところから始めますが、アドラーは「トラウマなんてないよ」と言っちゃうわけですから、共感が成り立たず、カウンセリングにならないんですよ。

與那覇 興味深かったのは、やはり一〇〇万部を超すベストセラーなので、リワークデイケアの読書会でも『嫌われる勇気』を紹介する人が多いんです。ところが「感動しました！　これで自分もうつから復活します！」といった反応は皆無で、おおむねみんな「読んでみたけど、正直よくわからなかった」というコメントでした。

斎藤 人が悩みやすいポイントに対して「そもそもその悩み方自体がまちがいだ」と全部引っくり返していく内容なので、健康な人が自己啓発として読むのには向いているんです。逆にいま、本当に苦しんでいる人が読むのは酷だと思います。

與那覇 ぼくが気になっているのは、精神分析が一大産業になり、カウンセリングに通うこと自体が「内面に向き合っている〝意識の高い〟自分」のアピールになるアメリカのような国――ウディ・アレンの昔の映画によく出てきます――なら、アドラーのような「アンチ・フロイト」の意義はあると思うんです。フロイト派はありもしないトラウマを作り上げて、実際には患者をお金もうけの道具にしていないか、という反省ですよね。

しかし日本の場合、フロイト主義が定着したといってもサブカルチャーの世界のことで、プロの精神分析家自体がほとんどいません。たしかに心療内科はだいぶカジュアル化しましたが、悩みを抱えてカウンセリングにかかっているのは「人前では隠す」ことだとする発想のほうが、まだまだ強い。そういう国で「反フロイト」がブームになるとはどういうことなのでしょう。

斎藤　『嫌われる勇気』という書名が典型ですが、多くの人がSNS上の「いいね！」のような他者からの承認に依存している現状の、ネガではあったでしょうね（次章参照）。承認依存は生きづらさの原因でもありますが、同時にそれを捨てることもできないので、「周囲に嫌われたっていい。友達も承認も要らない！」と断言してもらって、スカッとしたかったのでしょう。もちろん、その爽快感は一過性なんですが（笑）。

一方でより深刻なのは、たしかに反フロイト主義というか、平成のあいだにACブーム→毒親ブームと続いてきた心理主義的な流れに対する、バックラッシュの側面があると思います。フロイトだけではなく、「PTSD」とか「生きづらさ」なども含めた言説に、反発を覚える人もいるのでしょう。

「日本の右傾化」を精神分析すると

與那覇　平成の論壇では「右傾化」の有無や当否がずっと議論されてきましたが、直近に出てきた最新の右傾化のモードが、おっしゃるような「生きづらさ言説へのバックラッシュ」だと思います。要はそんなことを言ってるやつらは甘えだ、被害者面をするな、という主張ですね。
　右傾化というとマッチョな印象がありますが、興味深いのはこうした「反・被害者」論の支持者には女性も多いんです。二〇一四年に出た『奥さまは愛国』（北原みのり・朴順梨）というルポによると、国や社会が助けてくれるという「お花畑思考」を脱却するのが自立だと考える女性たちが、ネットや街頭に出て、「日本の侵略の被害者」を自称して補償を求める韓国人はタカリだ、といったヘイトスピーチをしているらしい。
　彼女たちのジャンヌ・ダルクが、たとえば日本維新の会を経ていまは自民党の所属になっている杉田水脈《みお》衆院議員です。
斎藤　平成の心理学化のなかで生じた「私は被害者だ」とカムアウト（告白）するブームへの反動として、「自分は被害者だなんて言わない」ところに強さの証明を求めるネオ・マッチョイズムが出てきたわけですね。杉田議員のそうした志向は、二〇一八年に『新潮45』で行ったLGBT支援事業へのバッシングに結実し、物議を醸《かも》しました。[24]
與那覇　LGBTは子どもを作らないから、彼らの性のあり方は国家に貢献していない。だから性の多様性の啓発に税金をまわすのは無駄だという議論で、もちろんこれは何重にもまちがいです。レズビアンのカップルが（ドナーを頼んで）人工授精で子どもを持つ例は普通にあるし、LGBTの啓発にかかる予算がほかの事業を圧迫しているわけでもない。

しかしぼくが違和感を覚えたのは、このとき杉田議員を批判したリベラル陣営の側に、自分たちもまた彼女と同じ〈標準家族〉の幻想に囚われているという自覚がないことです。事件の二年前の二〇一六年に、彼らは「保育園落ちた日本死ね！」なる騒ぎを起こして[25]、子育て支援こそが国家の最優先事業だ、予算は真っ先に保育園の新設に投入せよと唱えていました。

人間には多様なライフスタイルがある。また仮に「結婚して子どもをつくる人生がいいな」と思ったとしても、病気や障害があったり、性の志向が人と違ったり、お金がなかったりして果たせない人が多くいる。彼ら彼女らも見ている前で「国は（少なくとも一時は）パートナーを得て、子どもを作った標準家族こそを応援しろ！　それ以外の奴らへの配慮は後回しだ！」と叫んでいた点では、杉田水脈議員も山尾志桜里議員もまったく同じなわけです。

斎藤　当人たちは対立しているつもりなのでしょうが、たしかにそういうことになりますね。多様性をうたいながらも、結局は異性愛主義と〈標準家族〉に回帰してくる。これは左派の言説というか、日本のフェミニズムの特徴のような気もしています。異性愛主義という制度内のカウン

24　『新潮45』は二〇一八年八月号に杉田の論考「「LGBT」支援の度が過ぎる」を掲載し、十月号では特集を組んで彼女を擁護したが、特に後者に寄せた評論家・小川榮太郎の文章が差別的だとして不買運動を招き、最終的に休刊した。

25　保育園の抽選に漏れた結果、離職をやむなくされたとする同タイトルの匿名ブログが流行し、野党が安倍政権に激しく子育て支援策の拡充を要求した事件。山尾志桜里は追及の先頭に立った民進党政調会長（当時）。

ターに固執するあまり、しばしばLGBTへの配慮がなされない。

同じように「日本死ね」系の議論で疑問なのは、彼らの運動が子どもに比重を置いているとはあまり思えないところなんです。だいたい子育てに参加しない男はけしからんみたいな「男性批判」とセットで来て、むしろそちらが本当に言いたいことだという印象を受けます。

與那覇　「男性の育休取得を義務化すべき」とかですね。本来、カップルで話しあって相互に納得していればいいはずなのに、なぜか「模範」を作ってみんながそうであれ、と言いたがる。自民党なら奥さんが離職して専業主婦推し、リベラル派なら男が育休・奥さんも正社員を続けて途中からは保育園推し、「だから保育園をよこせー!」みたいな。

なぜこの話を出したかというと、「子どもがメンタルの病気=親のせい」という俗流フロイト主義が広がったことの裏返しで、過度な〈標準家族〉の理想化が起きているように思うのです。標準的な家族であれば、子どもは精神の病気になんかならない。なっていたら、その家族が完璧ではなかったか、甘えているかだ。そうした気分が背景にあるから、「ぼくの考えた最高の家族像」を国は全面支援せよといった主張を、臆面なくできてしまうのではないでしょうか。

もちろん子育て支援に反対なわけではありません。しかし両親が揃って・子どもがいて・夫が育休を取って・その子が健康で優秀な家族こそが素晴らしい……といったイメージを打ち上げ、「そんな理想の家庭の実現を社会が応援しないなんて許せない!」とするPR法は、あきらかに標準家族のハードルを吊り上げ、達成できない人を傷つけていきます。

斎藤　たしかに、ひきこもりでも〈標準家族〉のプレッシャーに苦しんでいるケースが多いですね。ひきこもってしまった子どもも、そうした状況を作ったと感じている親も、自分たちは標準の範型から外れてしまったとして悩んでしまう。

與那覇　こうした問題を考えられるようになったのも、病気の効能だと思っているんです。私が入院した大学病院の精神科には、意外に思春期の子がたくさんいて驚いたのですが、理解ある保護者に恵まれた家庭もある一方で、家族との問題を抱えているケースもとても多かった。

細かくはお話しできませんが、ほとんど虐待に近いレベルの話もあれば、虐待までは行かないけれど家に身の置き場がなかったり……。生まれた子どもは健康かつ優秀じゃないとダメ、病気のせいで学校を中退するなんて論外、みたいな親の態度に傷ついている子が多いわけです。

斎藤　そこは毒親ブームも一理あるわけですね。私立の精神病院だと入院するのは認知症の方が中心で、事実上、老人ホームのようになっている場合がありますが、大学病院は研究上幅広いサンプルが必要なので、比較的若い患者さんも多いんです。

與那覇　外交や歴史問題ばかりが注目されがちですが、「人間とはかくあるべし」というイメージを打ち出して、それに全員を合わせよう、外れたやつらは白眼視しようとするのがいちばん根源的な「右傾化」だと思います（六章参照）。とくに家族とは、誰もが無縁にはなれない領域だからこそ、そうした同一化のプレッシャーを作ってしまわないよう気をつけないといけない。

その自覚を欠く人たちがリベラルを自称し、ＬＧＢＴを応援しているから自分は「多様性」の側だなどといって、〈標準家族〉幻想の同調圧力を再生産していることに気づかない。それこそが少子化や、家庭崩壊の深層ではないかと感じます。

平成に反転した「イエ制度」の長所

斎藤　言い方を変えれば、結婚して子どもをつくって初めて一人前として認められるという前近代的な家父長幻想が、日本ではいまだに残っているどころか、形を変えてますます強化されているわけですね。なにしろいまだにお盆や正月のたびに、義実家ストレスにさいなまれる女性たちの怨嗟の声が、いっせいに湧き起こる国ですから。臨床の現場でも、「義理の父母の家に帰ることを禁止する」診断書を出して、うつ状態がきれいに回復した女性がいたりします。

一章でも紹介した中井久夫さんは、日本を含む儒教文化の家族主義は、セーフティネットとして非常にすぐれていて、身内に患者が出ても、相当悪化するまでは親族で支えようとする。ただし一線を越えたら、すっぱり切り捨ててしまうのが問題だと言われていて、得心するところがありました。いまも認知症になった親を養護施設に入れようとすると、親戚がワーッと集まって「肉親のすることじゃない、やめろ」と反対されるという話をよく聞きます。

與那覇　前職が日本史家だったせいで、儒教文化圏という概念には懐疑的なのですが、おっしゃることはわかる気がします。ぼく流に言いかえると、長いあいだ日本の伝統社会＝イエ制度の長所と呼ばれてきたものが、すべて反転して出てきているのが現在なんです。

おなじ東アジアでも、日本と中国（および朝鮮）では親族体系が大きく違って、日本は江戸時代からおおむね核家族に近い小集団、中国は宗族と呼ばれる超大規模な父系血縁ネットワークに帰属意識を持ちます。近代化の側面では小規模な家族のほうが結束が強く、親から子への教育効果も高くて向いていた。反対に中国は（膨大な人数の）血縁者全員を誰かが食べさせなくてはいけない分、官吏の腐敗が止まらなくて没落した。

しかし逆にいうと、中国式なら仮に自分の息子がろくでなしでも、家族みんなで遠縁の有力者を頼ればいいから気にしないんです。対して日本は親戚に頭がいい子がいてもダメで、「ウチの子」がいい大学に入って出世してくれないと意味がない。そのために「お前のせいで、わが家は標準家族になれないじゃないか！」などと当たってしまう。

斎藤　たしかに東アジア内でも違いはあって、中国や韓国に比べると、日本は血縁関係の結束は相対的に弱いと思います。ただ「ウチの子」に限っては血縁主義——生物学的な「実の子」でなければならないとする発想が（今日では）強くて、これが欧米に比べて、里親や養子縁組が普及しない一因ではないでしょうか。

血縁の結束が小規模で内輪意識で固まれる中間集団は、疑似家族化（＝「甘え」を許容できる関係）しやすいわりに、たとえ血縁上ではつながっていても「ソト」の人とは疎遠なままです。海外ではチャイナタウンやコリアンタウンが多いのに比べ、日本人街が形成されにくいとよく言われますが、これは日本人が家族集団ごとに現地に馴染もうと努力する傾向が強いのに対して、同胞どうしのコミュニティには関心が低いことの現れでしょうね。やや概念的な「同胞」意識よりも、情緒的連帯である「内輪」意識が優先されやすい。

與那覇　一九七九年に出た『文明としてのイエ社会』（村上泰亮ら東大教員三名の共著）が典型ですが、「日本のイエとは単なる封建的支配の遺物ではなく、合理的な経営体だ。そこがいいんだ」

とする議論が、バブル崩壊までの経済大国時代には力を持ちました。たしかに農家でも商家でもおかみさんは旦那に隷属するだけでなく、かかあ天下的な「共同経営者」として腕を振るうし、婿養子だって有能な人を自由にとれる。それは中国や朝鮮にはない長所だった。

　ところがこれは裏を返すと、自分の子どもでも「無能ならいらない。存在する価値がない」という発想になってしまう。それがいま起きていることではないですか。本当はもう親族経営の自営業なんて少ないんだから、意味がないのに、歴史的な惰性になっていてやめられない。

斎藤　たしかに近年、ますます子どもが親の「所有物」化しているように感じます。親が子どもを自分の所有物だと思っていると虐待が起きやすいことは、虐待の臨床ではしばしば指摘されていることですが、一方で、子どもが思いどおりに育たないからと無関心になってしまう事例も増えています。

　病院勤めの実感でいうと、二十年ほど前までは、子どもが入院すると心配して毎日面会に来るような親が多かったのですが、最近は病院に丸投げする事例が増えてきました。日参することが素晴らしいという意味ではなくて、良くも悪くもドライに割り切る傾向が強まっている。

與那覇　所有物化でいうと、ぼくが絶対許せないのは「プライバシーを守るため」とか言って、幼児の顔を画像処理してネットにアップする親なんですよ。だったら最初から載せるなよと。あれは明らかに、自分の子どもを「インスタ映えするアイテム」としてしか見ていない。

斎藤　親の希望どおりにならないと、事実上、捨てられてしまう。戸塚ヨットスクール型の監禁施設には、そういう子どもたちが入れられていて、アイ・メンタルスクール事件[26]が起きて経営者が逮捕されたときも、スタッフがいなくなったのに、子どもは施設に残っているわけです。つまり、あれだけ事件が報道されても、親が迎えに来ないんですよ。

こういうことがまかり通っているのは、親子をヒエラルキー的にとらえる前近代的な価値観と、全員に能力主義的な競争を求めるハイパー近代的な価値観の齟齬《そご》、ないしいびつな癒着のせいかもしれません。

「疑似家族」こそが未来の希望に？

與那覇　実際、感性の鋭い人ほどそのことに気づいていると思うんです。たとえば是枝《これえだ》裕和さんは日本を代表する映画監督ですが、主要な作品ほど『誰も知らない』・『そして父になる』・『万引き家族』と、どれも壊れていたり（本当は）血縁がない家族を舞台にしています。

是枝監督は海外では「ＯＺＵの後継者」とばかり評されて、本人はむしろ困っているとも報じられますが、しかしその小津安二郎の作品自体が「こんな理想の家族はいない。作りごとだ」と意識して作られていたことは、昔『帝国の残影　兵士・小津安二郎の昭和史』に書きました。

斎藤　小津の家族映画の異化効果[27]はすごいですよね。「幸福な家族」を描いていても、ショット

26　ひきこもりの矯正を謳っていた「特定非営利活動法人アイ・メンタルスクール」が、二〇〇六年に当時二十六歳の男性を手錠などを使って監禁し死亡させた事件。

の構図が異様で、ほとんど前衛的と言ってもいいぐらい。蓮實《はすみ》重彦さんが指摘するように、よく見ると彼の映画は「嘘」ばかりで、登場人物もロボットじみています。台詞から動作まで完璧に作り込むタイプの演出をしていたわけですから、当然といえば当然ですが。それが期せずして「日本的家族」の異様さを際立たせる効果にもつながっています。

與那覇　アニメでは、二〇一九年の『天気の子』（新海誠監督）。劇場で見ている途中は、現代の日本でなにを『火垂るの墓』ごっこ（＝就学期の男女での共同生活）しているのだろうと感じて耐え難かったのですが、あれは「生まれ落ちただけの〝本当の家族〟よりも、自分たちで築いた疑似家族のほうが魅力的だ」という価値観を描いていて、それが若者に支持されているのだと思います。作中で描かれる、零細な編集プロダクションでの住み込み労働もそうですね。

高度成長期であれば、終身雇用型の「会社」がそうした疑似家族の幻想を引き受けてくれたからOKだった。しかし平成の不況を経て、同じ幻想はブラック企業（や半グレ集団）が「無給で人を使う」メソッドにもなっています。ここが難しいところですね。

斎藤　家族的な内輪意識は、かつての陸軍内務班的な暴力支配と親和性が高いわけですよね。よく体育会系と批判されがちですが、内輪意識がもたらす密室的なヒエラルキーに「甘え」が加われば家族的になり、「しごき」が加われば内務班化する。両者は同じコインの表と裏なわけです。

私は安定した〈標準家族〉の理想像を求めても得られないことの病理が、集約して現れているのが皇室に対するバッシングのように思います。いかがでしょう。

與那覇　平成のあいだは「適応障害を理由に公務をさぼっている」と叩き続けたくせに、令和になった途端に「さすが、雅子妃は元外交官！」と持ち上げはじめ、手のひら返しで（問題含みの婚約候補を抱えた）秋篠宮家のほうをバッシングする。ぼくは尊皇家ではないのですが、おまえらは「天皇家の誰か」を貶《けな》さないと生きていけないのかよ、と唖然としています。

ただあえて深読みすると、日本人は無意識のうちに〈標準家族〉幻想の息苦しさを感じ出しているのではないですか。「自分の家族はパーフェクト・ファミリーになれなかった」という喪失感を、「お偉い皇族だって、実はダメ家族じゃねぇか」と言って晴らしているようにも見えます。

斎藤　経済格差が広がるとともに非婚化や少子化も急速に進行し、いまや標準家族はほとんどセレブの贅沢品ですね。ロイヤル・ファミリーに完全性を求めてバッシングが起きるのは、海外でも共通なのですが、たとえばアメリカではセレブリティほど養子を取りまくるとか、家庭生活の多様性を許すカルチャーがありますよね。このあたりは日本人にも寛大になってほしいなと思うところはあります。

みずほ情報総研の藤森克彦氏によれば二〇三〇年には、五～六十代の二五％が独身者になるそうです。[28]こうなると〈標準家族〉の幻想性がいよいよ露《あら》わになって、現実の側に「理想のイメージに合わせろ！」とは言えなくなる。そうなる前に、穏当な着地点を見つけなくてはいけません。突飛かもしれませんが、このとき私が連想するのは、前章でも名前を出したカート・ヴォネガッ

27　劇作家のブレヒトが提唱した概念。異様な誇張や極端な様式化を通じて、たとえば「これが理想の家族だ」といった劇中のストーリーを、そのまま真に受けてはいけないというメッセージを言外に伝える演出技法。

トが小説『スラップスティック』で描いた「拡大家族」のアイディアなんです。
　政府がランダムに割り振ったミドルネームで、すべての人に親族がもたらされるというSFなのですが、血縁という「必然」を求めるより「絆なんて偶然でいいじゃん」と割り切ったほうが、連帯が容易になるような気がしているんですよ。ひきこもり専門家としては、ベーシック・インカムよりもベーシック・ファミリーのほうが先、という思いもあります。

與那覇　それは大変おもしろい！　ぼくがいまいろんな場所で「歴史はもういらない」と書いているのも、同一の過去の共有という「必然化」によって共同体めいた意識を作り出すより、たまたま出会った人とでも、それなりに関係性を作り出していっしょに居られる技法のほうが、ずっと可能性があるし大切だと思うようになったからなんです。[29]
　いま「親は血がつながっている「実の子」しか愛せない。それが人間というものだ」と主張する人がいたら、それはむしろ人間を矮小化してしまっている人ではないでしょうか。同じように「同一のストーリー（歴史）を共有しているからこそ、人は助け合える」といった考え方自体が、人間の可能性を狭めてはいなかったか。最初は偶然のきっかけであっても、それを飼いならして豊かな関係に変えていける点にこそ、人間が持つ最大の力があるのではないか。
　前章の議論を踏まえて言いかえるなら、いわば「内輪意識に閉じないヤンキー的な寛容」かもしれません。こうした関係性を開いてゆく方向性は、斎藤さんが近年実践されているオープンダイアローグ[30]の治療法にも通じるように思いますので、次章以降でぜひ議論していきましょう。

【この章のポイント】

精神分析のトラウマ論は、これが病気の原因だという「正解」を示すのではなく、家族関係を「見なおす」ためのきっかけを提供するもの。〈標準家族〉のイメージから外れていることを気にするより、自分自身がはつらつと生きられる新しい家族像を考えることの方が、ずっと大事だ。

28 藤森克彦『単身急増社会の衝撃』日本経済新聞出版社、二〇一〇年。
29 與那覇潤「歴史がこれ以上続くのではないとしたら　加藤典洋の「震災後論」」『群像』二〇二〇年四月号、などを参照。
30 フィンランド発祥の対話に力点《りきてん》を置く精神療法。終章で詳しく論じる。

第三章　お金で買えないものってあるの？――SNSと承認ビジネス

「オンラインサロン」ブームの起源

與那覇　友達や家族について議論してきましたが、今日の「人とのつながり」を考えるうえでは、インターネットの問題を外すことはできません。ぼく自身は同世代としてはネットに奥手なほうで、震災を機に二〇一一年の春からツイッターの利用やニュースサイトへの寄稿を始め、一四年の夏に病気が悪化するまで続けていました。

この二〇一〇年代前半は、SNSの利用が日本でも身近になった時期で、それなりの数の学者がツイッターなどの誰でも読める形で、文献の紹介や（見知らぬ人からの）読書の相談に乗ったりしていました。しかし一六年ごろから大きく潮流が変わり、いまは著名人を中心とした有料会員のみのサークルである「オンラインサロン」[31]が流行しています。

斎藤　私はサロンに入った経験はないのですが、二〇〇〇年代に一時ブームになった「有料メールマガジン」の進化形ですよね。ひきこもりの患者さんにもオンラインサロンに入っている人がいて、「特別な人間になったような満足感が得られる」と言っていました。情報の希少性を商品化していた有料メルマガに対し、サロンは入会後に得られる「特別な関係性」を商品化している印象があります。

與那覇　ぼくも友人が開催するサロンのイベントに呼んでもらった経験はありますが、自分自身がサロンに加入したことはありません。そうした部外者の視点で見たとき、オンラインサロンのルーツには二つの系譜があるように感じています。

ひとつはいわゆる意識高い系というか、「クリエイティヴな人どうしのネットワークにコミットしたい」とする動機を媒介にするもの。震災直前の二〇一一年二月に、評論家の岡田斗司夫さんが『評価経済社会』という本を出しています。単純に言うと、ツイッターのフォロワー、フェイスブックの「いいね」、アマゾンのカスタマーレビューといった「人の評価」はお金では買えない。近代の資本主義では汎用性のある「貨幣」を増やそうとする欲求が、経済を動かす最大のドライブだったけど、これからの時代はむしろ「評価」や「人とのつながり」への欲求が、お金以上に力を持って社会を動かしていくとする内容です。

同書の末尾に書いてあるのが、当時岡田氏が実践していた「FREEex」という仕組みでした。熱心なファンたちに年間十二万円ずつ払ってもらうかわりに、岡田さんは印税や出演料を他から受けとらず、無料でコンテンツを発信する。こうすると岡田さんは安定収入が得られるし、その分ノーギャラで執筆や講演を引き受けるから、岡田さんの思想がますます世に広まって、支えるファンもハッピーだと。たぶん、これがオンラインサロンの発想の原点かなと思うんです。

斎藤　たしかに、岡田さんはそのようなことをやっていましたね。以降、二〇一四年くらいまでに刊行された彼の本（共著も含め八冊）は、著者名が「岡田斗司夫 FREEex」という不思議な表記になっていて、驚いたものです。

與那覇　ここに、二〇一三年三月に出所した堀江貴文さんが絡んできます。再出発宣言として同年秋に出た『ゼロ』では、岡田さんと対談した体験も引用して「失敗してゼロに戻ったとき、あなたを救ってくれるのはお金ではなく、信用なのだ」（同書一四七頁）と主張する。

これを、ライブドア事件で収監される前は「お金で買えないものはない」を地で行くキャラだった堀江さんが言うからウケたわけですね。翌一四年の夏には、堀江さん自身がサロンを開設して、ブームが加速していきます。

斎藤　オンラインサロンの前身である有料メルマガの世界でも、堀江さんは花形的な人気を得ていて、こちらはジャーナリストの津田大介さんや佐々木俊尚さん、脳科学者の茂木健一郎さん、精神科医の名越康文さんなど、より幅広い著名人が参入していました。私自身がやろうとはとても思えないのですが、とくにフリーランスの人にとって、コアなファンを対象として安定した収入源を確保できるという点では、優れた仕組みだったことは事実です。

31　実業家・芸能人・有識者などの著名人がネット上に開設し、月極の会費を払った入会者のみにむけて、会員限定のサイトやオフ会での交流の場を提供するサービス。二〇一二年にシナプスが最初のプラットフォームを整備し、一六年にDMMなど大手が参入して流行が本格化したとされる。

與那覇　評価経済論の当否は後に議論するとして、じつはサロンブームのもうひとつの伏流がネトウヨ系です。陰謀論やレイシズムなど、表立って発表できるメディアが乏しい言論を、私塾を作って会員制の講演会やネット放送で発信する。実際には「荒唐無稽だから」活字にならない内容でも、シンパのあいだでは「タブーを暴いているがゆえに」弾圧されているんだ、ということにできるから、会費も集まるわけです。

彼らのプラットフォームだった「日本文化チャンネル桜」がCS放送で開局したのが二〇〇四年でした。ここに出演して顔を売った後で、ユーチューブやニコニコ動画に個人チャンネルを開く形が多いみたいです。クリエイティヴ志向のサロンとは少し違って、「俺たちだけはマスコミが報道しない真実を見抜いている」といった感情がドライブになっています。

斎藤　オンラインサロンや有料メルマガの危うさはそこにあると思います。閉鎖的な言説空間で、一般メディアには掲載できない情報を発信し続けるのは、一見自由に見えてかなり不自由なことではないでしょうか。

安定した購読者を確保し、さらに数を増やそうと考えるなら、「期待されたキャラ」を裏切らない発言やパフォーマンスを続ける必要があります。過激な主張で人気を博した人は、さらに過激な発言をしないと人が離れていくという不安から、いっそう極論に走り、どんどん言説がいびつになってしまう。購読者の承認欲求を満たすということは、発信者もまた購読者からの承認に依存しているわけなので、ある意味で典型的な「共依存」に陥る危険があります。

メンタルクリニックは承認ビジネスか？

與那覇　意識高い系もネトウヨ系も、「この場所にアクセスしている自分は特別な人間だ」という承認欲求を満たすことで、ファンを獲得する仕組みでは共通です。ただ、議論してきたように、承認って生きていくうえで不可欠だから、それを求める気持ち自体は自然なものですよね。

斎藤　評価経済という議論自体が、そもそも承認欲求の表れですから、本質的には新しい現象ではないと思います。昔から誰もが持っている欲求が、SNSの登場以降、承認の具体的な姿が「いいね」やフォロワーの数という形で可視化されることで、肥大化したものでしょう。

ひきこもりの臨床でつくづく思うのは、彼らが承認に飢えているということです。人間関係がなければ承認もされないわけで、しかも承認はお金を積んでもなかなか得られない。承認強者は無料でいくらでも手に入るけれど、承認弱者はそうしたチャンスがきわめて乏しい。

與那覇　ネット時代にサロンを開設して即会員を集められる超・承認強者ともなると、会費収入が毎月入ってくるから、むしろ収益つきで承認を手に入れられるわけですよね。

一方でむずかしいのは、会費を払う側の承認をどう考えるかです。彼らはお金をサロンに払うことで、従来の市場経済では手に入れにくかった承認を、そのサロンから「買っている」ことになるのでしょうか。

斎藤　どうでしょう。本来で言えば、お金で買えるものは希少性が低いので、価値が下がってしまうはずなんです。特に人間関係は、お金が介在すると途端に価値が下落してしまうものの代表です。えげつないたとえで言えば、ある種の女性ないし男性にお金を払って肉体関係を結んでも、恋愛の体験はできないということですが……。

與那覇　この問題に興味を持つのは、ぼく自身が病気の過程で初めて、「お金を払ってでも話を聞いてほしい（＝承認を得たい）」という気持ちになったからです。もともと教師をしていたときには、人に話すのがむしろ「仕事」ですから、お金をもらってやることであると。なんでこっちが払って話を聞いてもらわないといけないんだと、それくらいに思っていました。まあ、承認強者だったんでしょう（苦笑）。

　ところがうつが急激に進行して、まともに言葉の受け答えができない・仕事もできない状態になりますでしょう。そういうときに承認を得るのがいかに大変かということです。その状況下で、たとえば「大丈夫だよ」「他にも仲間がいるよ」「お互い助け合っていこう」と言ってもらいたい。そのためならいくらでも出すという気持ちになるし、実際に医療費を払っていたわけです。

　ぼくがサロンビジネスに感じる、両義的な気持ちはそこから来ています。一面で、お金で得られる承認を必要としている人はいるのだから、それを否定はできない。他面で、承認に「お金を出そう」と思う時点で、その人はかなり追い詰められた状態じゃないかという懸念がある。そうした状況の人に「これをやれば承認を得られるよ」といってなにかを売りつけようとするのは、危険なことですよね。

斎藤　先ほど売春のたとえを出しましたが、じつはこれも中井久夫さんが「「濃密な人間関係を顧客と持つこと」を生業とする職業は二つあって、売春婦と精神科医だ」と言われたことから連想したものです。[32] そして重要なのは、フロイトもそうしたように、だからこそ治療関係においては「お金を払わせること」がむしろ必要になるんです。

もし精神科医が患者と親友や恋人のような関係になった場合、転移性治癒といって、一時は「安心できるプライベートな関係が得られた」ということで治るんですが、それは一過性で長持ちしない。そもそも精神科医もそうした濃密な関係を築けるのはせいぜい数人で、それ以上は身が持ちませんから、金銭関係というバリアがないと困るわけです。「これはあくまで仕事（治療）だよ。プライベートな好意じゃないよ」と一枚嚙ませないといけない。

與那覇　疑似家族的な（≠金銭を度外視した）共同性へのニーズが高まっている時代だからこそ（前章）、大事な指摘だと思います。一度お金を介在させることで、かえって互いに節度を持った関係が可能になり、それが双方の精神的な安定を守る場合もあると。

実際に加入しなくても、各サロンの公式なＰＲや、会員や体験者の感想はネットに溢《あふ》れていますよね。主催者の側が、ぶっちゃけ「お金をお願いします」と――つまり「活動を支援してください」という形で参加費を募っているサロンは、個人的には健全なのかなと感じます。昔からある芸能人のファンクラブと同じで、応援する側とされる側の役割が明確ですから。

32　中井久夫『治療文化論』岩波現代文庫、二〇〇一年。

社会人大学院は「オフラインサロン」だった？

與那覇　逆に怖いなと思うのは、自己啓発やキャリアアップと絡めて宣伝しているサロンです。入ると著名人とつきあえるよ、ウチの人脈を活かせば独立や起業が見えてくるよ、みたいな。これだとお金を払っている側が、逆に「応援していただく」劣位な存在のようになってしまう。実際に「業界で必要なスキルが身につく」などといって、会員を無料——というか会費を払わせているわけだから、むしろマイナスの給与で使うサロンもあるそうですね。

斎藤　たしかにそこまで行っている事例があるなら、先に議論した半グレ集団やブラック企業と共通の問題が出てきますね。無条件であるべき承認が、支配の道具になってしまうという。

與那覇　とは言いながらぼく自身もかつて、高値で承認を売りつけるビジネスに手を染めていたという自覚があるので、偉そうな批判はできません。

斎藤　えっ、與那覇さんも？

與那覇　勤めているときから思っていたのですが、多くの大学院は学問的に研究を深めることとは無縁の承認ビジネスになっています。平成のあいだに大学院重点化と言って、従来は学部のみしか設置していなかったマイナーな大学にも、こぞって大学院を作らせた結果ですね。

研究者をめざすタイプの学生は、東大・京大のような有力大学院を受験して移ってゆくので、「無名大学院」に通うのはむしろ「私は院で勉強している」「修士（博士）号を持っている」というところで、承認を得たい人になりがちなんです。

斎藤　言われてみると、ありそうな事態ですね。でも入試があるから、すくなくとも授業に必要な基礎学力や適性があるかは、チェックできるでしょう？

與那覇　それが機能しないんです。地方大学の院試だと、研究科単位で受験者が二～三人というのが普通ですから。特に社会人枠での受験となると、最初から一人しか受験生がいないことも多く、公平な採点のために必要な匿名性が守られません。

もっとひどいのは自分が主導して合格を出しておきながら、入学後に「やっぱり自分探し系の院生はダメだわ。勘違いがイタい」と触れまわる教員もいて……。

斎藤　うーん、それはひどい。

與那覇　「堀江貴文イノベーション大学校」を名乗る堀江さんのサロンは月会費が一万一千円、年払いだと割り引いて十一万円だそうです。おなじ承認ビジネスでも、私の元職場は受験するだけで三万、入学料が二十八万、授業料は半年で約二十七万円。ホリエモンの数倍もボッている自己啓発業者に勤めていたというのは、人前で誇れる職歴ではないと思っています（苦笑）。

斎藤　大学院のカルチャースクール化はつとに指摘されていましたが、オフラインサロン化でもあったと。おっしゃることはわかりますが、大学院はまがりなりにも論文の投稿や査読を通じて、外部の視線が入りますし、学位をとって修了するというプロセスには、ゴールとなるコンピテンシー（身につけるべき特性）が設定されるなどの客観的な基準もあります。その点は単なる承認ビジネスとは違うので、そんなに卑下しなくてもとは思いますが（笑）。

私の教えている研究室はいちおう医学系なので、自分の臨床データを解析して人々のケアに役立てたいというまっとうな動機の社会人が多いんですよ。もちろん承認欲求とは完全に無縁ではないでしょうが、それを言うなら大学教員も同様ですよね。

與那覇　もちろん適切な選抜や審査が行われて、きちんと機能している組織まで否定するつもりはありません。ただ気になるのは、社会人大学院の増設を正当化してきた「リカレント教育」という概念がありますが、基になった *Recurrent Education* という報告書はＯＥＣＤが一九七三年に出したものなんです。つまり最新の思想でも何でもないし、さらには繰り返す（リカレント）という語が示すように、いったん働いて、でも勉強するために辞めて（休んで）、また働きだして……といった流動的な労働市場の存在が前提でした。

それを人生に一度だけ「いい大学→いい会社」のコースに乗るために勉強して、あとは定年まで辞めないことが前提の日本型雇用のキャリアパスとくっつけたら、どうしたって院に来る人は承認ビジネス的な顧客に偏ってしまう。このような教育と雇用のミスマッチについても、後ほど議論を深めたいと思います（六・八章）。

感情労働が生む「承認格差」社会

與那覇　リカレント教育が提唱された一九七三年は、ご存じのとおりオイルショックの年です。途上国が力をつけて石油など資源の価格が上がったこともあり、ここからは重厚長大型の第二次産業（製造業）が先進国から流出し、みんな第三次産業（サービス産業）で働くようになる——というのが、最初に資本主義の内部で言われた「パラダイム・シフト論」でした。評価経済論はその末裔です。

しかし半世紀近くが経って、この総サービス産業社会はそんなに居心地がよくないことが見えてきている。たとえば感情労働の問題です。ファストフードの店員にしても、介護サービスのヘルパーにしても、物質としての商品（だけ）ではなく「私はあなたに配慮し、ケアしていますよ」といった感情を売らなくてはいけなくて、それが大変なストレスになっている。日本のように長期雇用だと、正社員ほど業務上の実績以上に「周囲とうまくやっていくこと」を求められるから、じつはホワイトカラーも感情労働者です。

斎藤　大塚英志さんは『感情天皇論』などの近著で、天皇こそが日本で最も過酷な労働環境におかれている感情労働者だと書いていますね。たしかに年の節目や災害などのたびに「お気持ち」を表明しないといけなくて、かつ、それが国民全体のニーズにマッチしないと叩かれてしまう。

與那覇　そのうえ世襲制で、職業選択の自由がない。なにげにブラックですよね。

斎藤　感情労働の概念を提唱したホックシールド（社会学者）は、「表層演技」と「深層演技」という二つの働き方を区別しています。表層演技というのは、内心ではムカついているんだけど、表向きは満面のスマイルで対応するような場合です。

逆に深層演技は自分自身すら洗脳してしまっている場合で、天皇レベルになると心の底から「自らの祈りによって日本の安寧を保つ」という使命を内面化していると思うので、普通の人の感情労働とは位相が異なるかも知れません。

與那覇　古典的な感情労働である風俗産業だと、お客さんに惚《ほ》れた（表層）演技はしないとダメだけど、本気で恋愛する（深層演技）のはいけないと言われるらしいですね。しかし、職業によっては深層演技までいかないと評価されない上に、本人もやっていられない環境がある。

オンラインサロンに象徴される承認ビジネスに対して、いまネット上でかなり批判も強いのは、その二つの演技の非対称性と関係がありませんか。たとえばサロン主のような承認強者は、表層演技で会員とニコニコ握手していればお金が手に入る。しかし承認弱者が入会して、「ぼくはこのサロンに貢献してますよ！」という形で承認を得ようとする場合は、深層演技クラスまでいかないと周囲に認めてもらいにくい気がします。

斎藤　まさに「承認格差」社会ですね。承認をめぐる問題が、格差社会を一層際立たせているように思います。二〇〇〇年代に問題にされたのは「年収一千万円か、三百万円か」という収入の格差でしたが、一〇年代には同じような写真をSNSに投稿しても「一万いいねか、三いいねか」といった、承認の不平等がさらに加わった印象があります。

ただ、おっしゃるような演技の非対称性に関して言えば、深層演技者（＝ベタな信者）はストーカーめいて「イタい・ヤバい」感じになりませんか。評価経済における承認は水物なので、軽やかで時に「本音とのギャップ」も覗かせる表層演技者のほうが、笑いも取れるし承認を集めやすいように思います。仮に私がオンラインサロンを開設したとしたら、あまり熱心な信者からはむしろ距離を取って、たまに批判めいたことも口にしつつも「金払いはよい」会員の方を優遇してしまいそうな気もします（苦笑）。

與那覇　せっかくサロンに入ってもベタな行為は嫌われて、世間一般で出世してゆくのと同じタイプだけが成功するということですか。もし本当にそうなら、ちょっと夢がないような……。
英国の王立公衆衛生協会の調査によると、若者のメンタルヘルスに一番悪いのはインスタグラムなんだそうです。次点がスナップチャットで、以下フェイスブック、ツイッターの順にマイナスの度合いが減るらしい。[33] なんだかわかる気がしますよね。イメージ（写真等）が占める割合が高く、言語の比重が低いメディアほど、承認格差につながりやすいと。
イメージっていうのは理屈じゃないわけです。言語で理屈を立てる作業はそれこそ大学院とかで勉強すれば、そこそこ強者に追いつけますが、言葉抜きで「この人カッコいい！」「素敵！」と思わせるセンスって、天性のものを持っているか、たまたま社会的に注目されるポジションにいないとむずかしい。こうした調査を受けてなのか、インスタグラムも二〇一九年の春から「いいね」の数を非表示にするテストを始めたそうですね。
斎藤　一方で私が心配なのは、承認強者も意外にしんどいのではないかということです。オンラインサロンを開いたり、インスタでインフルエンサーとして成功している人は、自らのキャラの強さに頼って稼いでいるわけで、その意味では社会的なポジションが不安定なわけです。承認を売ってお金を作れる一方で、会員による承認に「支えられて」生きている面がある。

33　「「若者の心の健康に最悪」なＳＮＳはインスタグラム＝英調査」ＢＢＣ　ＮＥＷＳ　ＪＡＰＡＮ、二〇一七年五月十九日。

ネトウヨ系サロンの際にはあえて「共依存」の比喩を使いましたが、掘り下げるとヘーゲルが言ったように承認とはすなわち相互承認なので、突き詰めると最後は「主人と奴隷」の葛藤になるんです。主人は奴隷を支配しているつもりが、いつの間にか奴隷の存在に依存するようになっていく。

與那覇　承認強者は周囲から「搾取している」以上に、隷属しているかもしれないと。

斎藤　今までと違うことを言ったり、キャラ変したりすると叩かれる恐れがある。スクールカーストの世界もそうなんですが、いちばんいじめられるのは、仲間内で「一度確定したキャラ」を変えようとするときなんです。それが怖くて、かえって本当の気持ちを発信できず、自由にSNSを使えなくなっているネット有名人は多い気がします。

與那覇　たしかに日本の場合、もともと本音と建前を使いわけるというか「思っても言っちゃダメ」的な規範が強いですからね。逆にいうとだからこそ、ブログに載せられない本音は有料のメルマガで、そこでも書けない「ほんとうの本音」はサロン会員限定で……といったビジネスの多重化が起きるのかもしれません。

「仮想通貨推《お》し」の背後にあるもの

與那覇　ここまではインターネットをはじめとする承認ビジネスの台頭が、社会全体のサービス産業化（感情労働化）に根ざしており、一概に弱肉強食的な「悪しきビジネスモデル」だとしては退けられないことを見てきました。

しかしぼくが解《げ》せないのは、オンラインサロンを開くタイプの著名人がむやみと「資本主義批判」のポーズをとることなんです。岡田さんの本には評価経済が貨幣経済とは完全に別の仕組みだというトーンがあるし、かつて守銭奴のように言われた堀江さんも、大事なのはお金でなく信用だという。信用さえあればお金（融資）なんていくらでも引き出せる、そのためにはまず自分が自分を信用しないといけない、そうなれる（＝自己承認を得られる）ための場所としてオンラインサロンをどうぞ、ということらしいのですが……。

斎藤　やっていることは資本主義そのものなのに（笑）。SNSなどで消費者一人ひとりの感想が見えやすくなったことで、評価基準に多少の変化は生じたかもしれませんが、「欲望をお金に換える」という資本主義の本質はまったく変わっていませんよね。

評価経済なるものの本質は、かつてケインズ[34]が投資家の行動パターンの比喩として引き合いに出した「美人投票」みたいなものでしょう。彼は投資を「百枚の写真の中から最も美人だと思う人を選んで投票してもらい、最多得票者に投じた人たちに賞品を与える新聞投票」に見立てたわけですが、美人を承認強者に置き換えれば、まんま評価経済の話になると思います。

美人投票と違うのは、承認が「いいね」の数のような形で数量化されているので、誰が承認強

34　経済学者（一八八三～一九四六年）。自由市場が機能しない状況では、国家が直接的な財政出動を行うべきだとするその発想は、一九三〇年代の世界恐慌から七〇年代の石油危機までの約半世紀間、経済学の主流を占めた。

者になるかを予測しやすくなった点ですね。「評価」には美醜だけではなく、「みんなが承認しているから好きになる」といった定量的な側面もありますから。しかしこれは「チャートで1位の曲だから聴く」のと同じ流行のメカニズムなので、本質的に新しいなにかではありません。

與那覇　違和感を通り越して危険だと思うのは、こうした「反資本主義を装う資本主義」のツールに仮想通貨が使われることです。もともと「株やFXの儲《もう》け方教えます」的なサロンは多かったようですが、フェイスブックが計画するリブラなど、仮想通貨は「既存の資本主義の仕組みを根底から覆す」というイメージで売り込まれている。そのぶん、たんにお金だけでなく承認を求める人に売る商材にも使われやすい。

斎藤　ブロックチェーン[35]という技術はよくできた仕組みだと思いますけど、仮想通貨はどうなんでしょう？　経済学者の岩井克人さんは、ビットコイン（二〇〇九年に開発された代表的仮想通貨）なんかダメになるに決まっていると言っていますね。ハイパーインフレなどの不安定要因を調整する中央銀行を排除したため、という理由です。実際に現状では、株式以上に価値が乱高下する投機対象にすぎず、とても通貨としては使えません。

與那覇　岩井さんは一九九三年に『貨幣論』を出していますが、平成末期に流行した「仮想通貨すごい」本の内容は、同書や、重なる時期に流行した複雑系科学からの流用でした。二〇一七年にベストセラーになった『お金2・0』（佐藤航陽）など、ちょっと恥ずかしくなるくらい。自然の生態系も脳のニューラルネットワークも複雑系だから、国家（ごとの中央銀行）が貨幣を一元供給する時代もやがて終わって、多様な仮想通貨が咲き誇るはずだといった話ですが、この「だから」は外見上の類似性を言う比喩にすぎなくて、論理じゃないわけです。
むしろ堀江さんの『ゼロ』の単純すぎる貨幣論（？）のほうが逆に面白くて、要は一万円札が価値を持つのは日本銀行の「信用」ゆえなんだ。だから自分という個人が周囲に信用されれば、それ自体が交換の媒体（＝貨幣）になるのでお金なんかいらないという。これらの本が「極論だが斬新でカッコいい」ものとして流通する様を見て、私は「戦後という時代がついに終わるんだ」としみじみ感じました。

斎藤　えっ、どういう意味ですか？

與那覇　仮想通貨本のトリックは、素材（何を通貨と見なすか）の面での「貨幣の任意性」と、それが「流通するための条件」とを故意に混同することです。貨幣は交換の媒体であればいいので、原理的には円でなくドルでも元でもいいし、新しい通貨をつくって「俺はこれで交換したい！」と宣言してもいい。しかし、それが広く受け入れられるかはまったく別の問題です。
ぼくの世代までは、読書感想文の宿題で戦争ものが定番だったし、学校の図書館で唯一読めたマンガの『はだしのゲン』などで戦後の闇市の描写を見ています。敗戦で日本円の信用が失墜した時代には「タバコがお金の代わりに使われました」みたいな話を知っていれば、貨幣の任意性なんて指摘されても驚かない。ところがそれに引っかかって、「そうか！　自分が発行するトー

35　分散型台帳技術。簡単にいうと、全体を管理する中心がないにもかかわらず、一度記帳した内容を後から改変することができなくなるデータベースで、ビットコインに実装されて広く知られた。

クンでも経済圏は作れるんだ。さあタバコを巻こう！」となる人がここまで出てくるのは、それだけ歴史の記憶が希薄になったからでしょう。

斎藤　なるほど、一章で議論した「歴史なき社会」とも重なってきますね。私のように、柄谷行人さんが平成前半に刊行していた思想誌の『批評空間』にハマった者としては、二〇〇〇年前後に話題を集めたNAM（New Associationist Movement）[36]の試みが、世間の忘却の彼方にあることにショックを受けました。

NAMは大失敗だったと言われるけど、参加者の関心ごとにメーリングリストを作る組織形態は、いまでいうオンラインサロンっぽいし、Qという独自の地域通貨を導入して資本主義とは異なる交換の体系を作ることを掲げていました。しかし、そうした反資本主義的な意匠が「ファッション」として（だけ）は、いまも承認ビジネスの先端に残っているのは興味深い。

私個人は、仮想通貨の可能性をきわめて限定的なものとして理解しています。二〇〇九年以降のギリシャ経済危機では地域通貨TEMが流通しましたが、コミュニティを限定して使うぶんには「つながりの促進剤」としての意味はあるでしょう。グローバル展開などの誇大な夢を見なければ、地域通貨・仮想通貨にも存在意義はあると思います。

「つながりの新自由主義」とSNSの変容

與那覇　二〇〇〇年代前半の小泉純一郎政権では竹中平蔵さんが入閣して、「これからは自己責任で競争して、能力の高い強者を伸ばし、その力で社会全体を引っ張る」とする新自由主義を鼓吹しました。しかし後半からその反動で（経済的な）格差社会への批判が高まり、二〇一一年の震災以降は「お金よりも、大事なのは人とのつながりだ」という空気が主流になっています。

ネット上でコミュニティや承認を「売る」ビジネスが、やたらとポスト資本主義を標榜するのもその表れなのでしょう。しかし承認格差という概念で論じてきたように、それはむしろ究極の競争社会かもしれません。

斎藤　「つながりの新自由主義」とでも言うべきでしょうか……。人間関係という、もっとも資本主義化してはいけないものを、お金に換算してしまった側面は否めませんよね。小泉政権の時代に新自由主義の旗を振っていた人が、今では「つながりの新自由主義」の旗を振っています。

與那覇　そういえば、『お金2・0』の推薦文も竹中さんと堀江さんでした（笑）。

斎藤　とくに堀江さんは転向したと言いつつ、その身振りはまったく変わっていない。

與那覇　そうした情勢の下で、ネットを通じた人間観の変容がおきているように見えるのです。たとえばインターネットが登場したころに期待されたのは、サイバースペースが「対等な個人」どうしの議論の場になることでしたが、もう誰もそんなこと信じてない。むしろフォロワーが何

36　文芸批評家の柄谷行人が国家と資本主義への対抗を掲げて、二〇〇〇年に立ち上げた協同組合型の社会運動。『批評空間』の共編者だった浅田彰のほか、坂本龍一や村上龍などの著名人が協力して注目を集めたが、内紛で機能不全となり〇三年初頭に解散した。

十万もいる著名人とか、ユーチューバーやインフルエンサーのようなネットで食べていける「強い個人」が核になって、それを礼賛者が囲み、さらに外側に「その他大勢」の見物人やアンチがいるというのが、いまのネット社会のイメージですよね。

斎藤　とくにフェイスブックは、その縮図になっている気がします。有名人が何か発言したら、瞬時に何百個も「いいね！」が付くみたいな。そんなに大量の太鼓持ちに囲まれたら、かえって気持ち悪いようにも思うのですが……。

オンラインサロンのすべてを「信者ビジネス」だと言うつもりはないですが、先述のとおり承認強者ほどファンに依存する側面があるので、内部で異論を許さない、「教祖」自身が変わりたくても信徒が変えさせない構造が生まれてしまうリスクには、注意してほしいですね。

與那覇　ネトウヨ系のサロンはだいぶ前からそうで、古事記から特攻隊員の遺書まで「日本人の心」が描かれている（とされる）聖典を教祖が読むと信者がむせび泣く世界みたいですが、近日は意識高い系でも「ビジネスのコツは教祖を作ること」「宗教でなにが悪い」と公言する人が出てきました。まあ二十一世紀初頭のＮＡＭが忘れられているなら、前世紀末のオウム事件なんて、敗戦後の闇市なみの遠い過去なのだと思います。

むしろぼくが気になるのは、ツイッターの変容なんです。フェイスブックがネット権力者としての強い個人を作るのと逆に、ツイッターは「個人」という概念自体を解体していませんか。流れてくるツイート（発言）に対して、「この言い方面白い！」という感じで反応する分、どんな人がつぶやいたかには興味をもたない。結果として数万回以上リツイートされているのに、発信者のフォロワー数は三桁のまま伸びないといった事例が最近は多いそうですね。

斎藤　たしかにありますね。ツイッター社が設定をいじった結果、リツイート数が多いツイートほど上位に表示される仕様に変更されたりして、リツイートのインフレが起きているようです。

與那覇　ぼくが心配するのは、そういった言論の「モジュール化[37]」が進んだ結果、人間という存在がどんどんスキップされていくことなんです。ITサービスのおすすめにしたがって、その都度流行している「ちょっと気の利いた言い回し」をパッチワークのように消費し続け、誰が書いたかなんて気にしない。これだと、自分が信頼するに足る「著者」（発信者）を育成しようとする発想は出てこないですよね。

ぼくがツイッターを始めた二〇一一年ごろは、知名度のある学者でも「フォロワーが五千人を超えると面倒な奴に絡まれる」と言われる程度の低い普及率でしたが、完全に無名の匿名アカウントでも、読む人に支持されればそれくらいのフォロワー数まで伸びたりしてたんですよ。いじめの体験をもとに味のある教育論を語るとか、マスコミ関係者らしく内部事情に詳しいとか、なんらかの個性があれば。読者が注目する単位が「人」ではなくツイートに移行すると、そういったメカニズムは働きにくくなりませんか。

斎藤　モジュール化が育成機能を止めてしまうというのは、自前で人材を育てる必要なんかなく

37　製品に必要な部品をあえて内製化（自社生産）せず、むしろ汎用性の高いパーツ（モジュール）を外部から購入して組み合わせる工法を指す概念。ＰＣやスマートフォンなどのＩＴ産業で主流となった。

て、使える人材をよそからスカウトしてくればいいという発想ですよね。たしかにそれがネット上の言論におよぶと、おっしゃる事態が進行して、承認を得られる人がますます少数の著名人に限られてしまう気がします。

ただ一方で、匿名・無名だけど一定の支持を受けている中間的なネット知識人は、今でもそこそこ頑張っている手応えはありますよ。疑似サロン化しやすいフェイスブックに比べて、ツイッター界隈はまだまだフェアで面白い議論が可能だと思って、私は続けています。

私はフォロワー五万人程度の弱小インフルエンサー[38]ですが、文脈無視で短文を投稿できるツイッターは性《しょう》に合っています。ふだんの実感としては、けっこうフォロワーは私の「人格」を見ているようで、妙な発言をすると「先生には失望しました」「らしくない」的な反応が返ってくる。そうした部分には、人格評価的なところもまだ残っているように思います。

むしろ普通の人にとってのツイッターの問題は、つながっている相手が、意外にほとんど知りあいどうしだということです。中高生で言えば、教室で繰り広げられている人間関係が、そのままSNSで上書きされている。結果として起きるのが、世界中に公開されているのに内輪意識のままで投稿してしまう、いわゆる「バカッター問題」です。

與那覇　仲間内なら笑って流してもらえるだろうというノリで、下品な悪戯《いたずら》や反社会的な行為の動画をアップした結果、世間に知られて大炎上してしまう現象ですね。

二〇一三年だと思うのですが、LINEが急速に普及していったころ、両方やっている学生に「どう使い分けてるの?」と聞いたことがあるんです。そうしたらLINEは原則、一対一で相手に宛ててメッセージを送るから、返信しろというプレッシャーをかけてしまうと。それを避けるために「返事はいらないから、なんとなくつぶやきたい」場合にツイッターを使うんだと言っていて、若者も大変なんだなと思いました（苦笑）。

ネットで発信する本音をメルマガ、サロン……とパッケージ化して、お金に換えられる一握りの承認強者もいる一方で、息抜きのためのつぶやきでさえ配慮を求められてしまう圧倒的多数がいる。こうした格差が「持続可能」なものかどうかも、一度考えるときかもしれません。

「意味が売られる社会」に釣られないために

與那覇　一九九八年に邦訳されて社会学の基本書になった『意味に餓《う》える社会』（ノルベルト・ボルツ）という本がありましたけど、資本主義の権化のような人たちでさえ承認ビジネスでは「反資本主義」を掲げないといけないくらい、いまは働くことに意味を見出しづらい時代だと思うんです。前提となる知識や技術がすぐ古くなるし、まじめにやっているのに「もっと安い業者に外注するから、きみの仕事はいらない」と言われちゃうから。

38　ここでの意味はインターネット上で、他の利用者への影響力（Influence）を発揮する人。転じて「SNSのフォロワーに商品やサービスを勧めて、広告収入を得る人」の語義で用いることもある（次章参照）。一般には、フォロワー数が一万人以上いることが目安とされている。

そこで、生きている意味を摂取する場としての友達・家族・ネットコミュニティが浮上してきたわけですが、最後の一つだけが近日妙に「有料化」してきた。そのことに対する反発も、オンラインサロンへのバッシングにはあるのでしょうね。

斎藤　意味を「売る」ことに関して、少なくとも法的な問題はないんでしょうが、臨床医として心配なのはアディクション（中毒）の問題です。精神科の治療もある意味では承認ビジネスですが、一部の悪徳な医師を除けば、それはあくまで「回復して、いつか不要になる」ことを前提に行われています。

しかしクレジットカードを登録して月払いさせるネットサービスの場合は、逆に「惰性でいつまでも続く」形になりがちではないでしょうか。前章で議論した「治った後もカルトに留まらないといけないタイプの治療」を、医学として認めてよいかという問題と同じ構図が、ここでも出てくるように思います。

與那覇　もうひとつの問題は、形がなく主観的に感じるしかない意味に「適正価格」はつけられるのか、という点でしょう。これを掘り下げると、当事者が合意していればなんでも「売って」いいのか？　お金で買えないものは存在しないのか？　という命題になります。

こういう問いって、考えない人はほんとうに最後まで考えないし、ぼくも健康なときでないとそうした理性が働きません（笑）。お金でなく信用だと言い始めた堀江さんは他面で、相変わらず「自分と一緒に寿司を食う権利」とかを十万〜百万円で売りさばいてますが、そちらのほうが「えっ？」と考える契機を提供する分、サロン経営より健全な啓蒙のありかたにも思えます。

斎藤　意味と資本主義の関係でいうと、ＧＡＦＡのなかでもアップルは「ジョブズが生みだした製品やサービスを使えば、あなたも創造的な人間に」という形で、意味を価格に転嫁している。逆にグーグルはアンドロイドをいろんなスマホメーカーに自由に使わせて、純粋に機能だけを売ることで市場を広げている。そうした解説を読んだことがあります。正確には、ジョブズ神話の形で売られているのは意味というより、「物語」と呼ぶべきかもしれませんが。

與那覇　たぶん「意識の高い」サロンではアップル路線のほうが人気で、機能（便利さ）で売っていくと最後は価格競争になって、廉価な中華スマホに負けてしまう。だから意味に高値をつけられる人間になることが強者への道だ、みたいに議論してそうですよね。

斎藤　待っていればテレビで流れる情報でも、サロン内でのホリエモンの書き込みから知ることに意味を感じる人はいるんだと思います。ただ日本人はネットにハマっている人が多いように見えて、じつは意外にみんなネットを信頼していないというか、現前性・身体的なものがないと意味を感じとれないのかなとも感じるんですよ。

アメリカの大統領選では、二〇〇八年のオバマが典型ですが、ネットやＳＮＳでワァーッと献金を集めて、一気に当選まで駆け上がるじゃないですか。日本だと二〇一九年の参院選で、ネット上では圧倒的に山本太郎の人気が盛り上がっても、彼の政党（れいわ新選組）は二議席しか獲得できませんでした。オンラインサロンが必ずオフ会を開いて、主催者とリアルで会う機会を設けているように、日本では良くも悪くもまだ、身体や現前性のバーチャル化の度合いが低いのかもしれません。

與那覇　それは斎藤さんが、よく「ネット上のつながりはひきこもりの支援にならなかったけど、当事者がニコニコ動画で生主《なまぬし》になる（＝自分の身体を映して配信する）体験は有効だった」とおっしゃることに通じませんか。インスタが若者のメンタルに最悪だとする先のイギリスの研究でも、じつはユーチューブだけは孤独感の低下など、健康にポジティブなデータが出たそうなんですよ。こうした身体性の問題については、以降の章でも議論を深めていきたいと思います。

【この章のポイント】
「お金では買えない価値」を掲げることで集金するビジネスが台頭した背景には、実は人とのつながりまでお金で取引する資本主義の徹底化がある。承認は本来「無条件」に与えられるべきであることを忘れずに、特定のサービスに囲い込まれない適切なつきあい方をしていこう。

第四章　夢をあきらめたら負け組なの？——自己啓発本にだまされない

「釣りバカ」とユーチューバーはどちらが自由か？

與那覇　前章ではネット上の承認ビジネスを切り口に、「お金では買えないつながりを提供します！」と叫ぶほど効率よくお金が儲かる、奇妙な資本主義が生まれた背景を考えました。その結果としていまの日本では、人生観の大きな変容が起きていると思います。

オンラインサロンや自己啓発本の広告を見て感じるのは、勤勉だとされる日本人がその実、潜在的には自分の仕事を憎みだしているのではということです。「「好き」を仕事にして社畜をやめよう」とか、とにかくそういったフレーズが多い。今日の平均的な日本人にとって、理想のライフスタイルは「働かないで稼ぐ」ことなのではという気がしてきます。

斎藤　えっ、働かないで稼ぐ……？

與那覇　「働かない」と言っても何もしないわけではなく、サロン主として自分の価値観を語っていると会費で食べていけるとか。インフルエンサーとして人気が出て、ふだんの食事やファッションをインスタに上げるだけでスポンサーがつき、その収入でやっていけるとかですね。
そこまで行ける人は堀江貴文さんをはじめ、日本で数十人もいないでしょう。しかし「そうなる方法を教えます」と称するサロンや書籍は、数百、数千と出ている。多くの人が内心では「働く意味がわからない。仕事をしたくない」と思っているけど、表立ってはそう言えない結果として、「働かないで稼ぐ」という夢を煽るビジネスが生まれたのではないでしょうか。

斎藤　うーむ、半分は賛成・半分は異議ありですね。同意するのは、「日本では「仕事をしたくない」と表立って言えない」という点です。ひきこもりへのバッシングが生じるゆえんで、みんな「働かないでズルい！　楽をしている」というわけです。実際にはひきこもりの人たちは働けないがゆえに、物心両面でギリギリの厳しい生活をしている人が多いのですが……。

與那覇　生活保護叩きと同じ構図ですよね。わからないのは、そんなに彼らが「不当にいい思いをしている」と感じるなら、自分も仕事をやめていい思いをすればいいのに、なぜかそうしない。一方でインフルエンサーには憧れて「私も仕事をしたくない。毎日インスタをアップするだけの暮らしがいい！」というのは、不思議な気がします。

斎藤　多くの人はたぶん、インフルエンサーも「働いている」と思っているんでしょう。先の與那覇さんの見解で疑問なのは、日本人が「内心、仕事をしたくないと思っている」という点です。たとえばひきこもりのデイケアで「誰かがあなたに五億円の遺産を残したとしたら、どうしますか？」と質問すると、ほとんどの人は「それでも働きたい」と答えるんです。
ひきこもりは働けないことにコンプレックスを抱えてきた分、働くことへの欲求が過剰なのだと感じるかもしれません。ですが私の見るところ、彼らにはむしろ「大金を持っているからこそ、安心して働ける」という発想があるんです。クビになっても大丈夫なくらい貯金に余裕があるから、今度こそ失敗を恐れずに職場に行けるぞと、そういうイメージですね。

與那覇　承認は職場で仕事を通じて得るものだ、とする発想がまだ根強いということですか。

斎藤　ええ。一章の「日本教」のところでお話ししたように、日本人は「機能している人間」であることへのこだわりが異常に強いというのが私の考えです。だから「インフルエンサーも働いている」というのは、正確に言いなおすと、彼らのやっていることが労働かどうかはわからないが、少なくとも「機能している」と見なされているのだと思います。

近年、子どもたちの「なりたい職業」の一位がユーチューバーになったというのが騒がれますよね。でも人気の動画に出る人はある意味でめちゃくちゃ一生懸命、普通の人は絶対しないような「バカ」を演じたりしてますから、子どもたちもそこはわかっていると思うんですよ。「ずっと遊んでいたいから」ユーチューバーがいいというより、好きなことの追求が社会のなかで承認されて、経済的に機能することを求めているのではないでしょうか。

與那覇　なるほど。そうだとすると、日本人はいま仕事から自由になり出しているのか、むしろ逆に「仕事による承認」幻想に以前よりも囚われているのか、わからなくなってきますね。

今日よりはるかに「承認は会社で得るもの」という発想が強かった昭和の終わりには、かえって『釣りバカ日誌』のハマちゃんや『美味しんぼ』の山岡士郎のような、「職場ではぐうたら過ごして、自己実現は趣味で」というキャラクターがサラリーマンに支持されました。ところが長期雇用の解体が進んだ平成の終わりには、むしろ「自分の趣味がそのまま「仕事」であるべき」とする価値観が強まり、趣味と仕事が分離できなくなっていると。

テレビの「お仕事ポルノ」とジブリの「勤労アニメ」

與那覇　「趣味を仕事に」幻想というか、「一流の人間は好きなことを仕事にしており、だから毎日輝いている」といった価値観の背景には、テレビでやたらと流れるお仕事番組の影響があると思うんです。TBSの『情熱大陸』がいちばんの老舗ですが（一九九八年〜）、平成を通じて増殖し、見ない曜日はないくらいになりました。

こうした番組は毎回主人公を設定し、その人の過去の活躍の映像も混ぜながら、日常を追いかける形で描いていきます。そうすると山岡士郎型の「ぶっちゃけ仕事は手を抜いて、飯でリア充してます」みたいなタイプは取り上げようがない。結果として「仕事は楽しくないとダメなんだ」「趣味を仕事にできない私は負け組だ」と思い込む人が増えたのではないでしょうか。

斎藤　山岡やハマちゃんのように「副業で本領発揮」みたいな作品がマンガや小説で激減したのは、もうサラリーマンが「気楽な稼業」ではありえなくなった時代の反映ですね。講談社系を中心に「職業もの」自体は手堅く続いていても、最近の人気作品はほとんど「本業で輝く」的な内容ばかりなんです。

注目すべきはそこで取り上げられる職業の選択が、どんどんマニアックになっていること。医療ものだと、（天才外科医である以上に）ジェネラルドクターに近かった『ブラック・ジャック』の長閑さは過去のものとなって、病理医というニッチな職種に特化した『フラジャイル』のような作品が人気になる。これは昔NHKでやっていた『プロジェクトX　挑戦者たち』と、後継番組といえる『プロフェッショナル　仕事の流儀』を対比しても言えることですが、いまは希少性を感じさせるスペシャリストのほうがウケるのでしょうね。

與那覇　それは結構重大な問題で、働くというのはみんながやることなのに、メディアの取り上げ方が非常に偏ってきているというか、悪い意味で「スター化」していませんか。どんな仕事だって尊いんだよ、ではなくて、「この人はすごいだろう。こんな特殊能力は、お前にないだろう。それが一流と凡人の差だ」みたいな見せ方が目立ちます。フィクションだと割り切って楽しむマンガはそれでいいですけど、ドキュメンタリーでやられるのは強い違和感がある。

「感動ポルノ」という、泣かせるためなら事実改変でも何でもする演出を揶揄《やゆ》する用語がありますが、ぼくはその種の番組って「お仕事ポルノ」だと思うんですよ。ポルノでセックスを覚えた結果、「女は嫌がるときほど実は感じてる」といった偏見を身につけることの弊害はずいぶん言われていますが、お仕事ポルノは白昼堂々、家庭のテレビで流してますからね（苦笑）。それで仕事観を作ってしまうことの問題は、もっと語られるべきだと思います。

斎藤　お仕事ポルノと聞くと、私がつい連想してしまうのは、じつはジブリアニメなんです。ジブリを中心とする宮崎駿監督の作品には、ほぼ例外なく小さな子どもが働く場面――『パンダコパンダ』の家事労働から、『天空の城ラピュタ』の炭鉱労働、『魔女の宅急便』は言うまでもないですね――が出てきます。『崖の上のポニョ』の宗介ですら、働くお母さんを支えて家事に精を出す五歳児です。

宮崎さんの大好物は「苦労して働く子ども」で、ジブリ作品はいわば「勤労アニメ」じゃないかと思っているんです。アニメの世界だからこそ、現在だったら虐待まがいの「使役」として違法になるような児童労働でも存分に描ける面がある。でもラピュタのパズーは小さいのに一人暮らしで、ぜったい義務教育を受けていないでしょ。中野翠さん（エッセイスト）の名言に「子どもが大切に扱われない国の子どもは可愛い」というものがありますが、あえて意地悪な言い方をすれば、ジブリ映画には「やりがい搾取」ならぬ「けなげさ搾取」の構図があります。

與那覇　いわれてみると『となりのトトロ』も、お母さんの入院中にサツキがメイの面倒をみて苦労する「育児労働」映画ですね。『千と千尋の神隠し』には、「甘やかされたひきこもり」への揶揄ともとれるキャラクターも出てきます。

斎藤　ジブリアニメは一見、ヒューマニズムやエコロジーにも見えるんですけど、その根底にはある種の宗教的な構図、すなわち「勤労＝人生修行＝人間の条件」みたいな価値観があります。私自身、ジブリアニメは大好きなのですが、一方で子どもの頃からそういう勤労アニメばかり見させられていると、一歩間違えば、そのままブラック企業の価値観に染まってしまいかねないリスクもあるんじゃないかと懸念しています。

與那覇　オウム真理教が昔「修行するぞ、修行するぞ……」と信徒に唱えさせていたように、たしかに（人生）修行って怖い発想ですよね。「これは修行なんだ」と思っちゃうと、どんな無茶ぶりだったり、あきらかに無意味な労苦だったりしても、やる側が勝手に意味――乗り越えて「理想の自分」になる、とか――を見出して頑張ってしまうところがあります。

重要なのは「楽しいことを仕事に」というインフルエンサー系と、「つらくても人生修行だ」とするジブリアニメ系は一見正反対ですが、人を「あきらめさせない装置」という点では同じ機能を果たしていることです。いつかは趣味を仕事に、という夢をあきらめられずに自己啓発にのめり込む人も、ここであきらめたら負けだ・逃げだ、と自分を追い込んで過労死・自殺に至ってしまう人も、囚われている構図は同じですから。

「去勢」が人を成熟させる？

與那覇　そう感じるのは斎藤さんが「ひきこもりの専門家」として知られる契機になった、一九九八年の『社会的ひきこもり』を読みなおしたからなんです。同書ではひきこもり脱却のカギとして、「適度なあきらめ」が大事だと書かれていますよね。

斎藤　そうなんです。長くひきこもった人ほど社会復帰へのハードルを上げてしまい、「完璧な大人になってからじゃないと、バカにされるから外へは出られない」と思いがちですが、それだとかえって社会復帰できない。むしろ「そりゃ、俺にはダメな部分があるんだろう。でも、別にいいじゃん」くらいの、自己肯定感をともなう適切なレベルのあきらめが回復には必要なんです。ただ「あきらめ」と言ってしまうと、日本ではついつい「分《ぶ》を知れ。与えられた地位や収入で満足しろ」的な話にもっていかれそうなので、本当は別の言い方をしたいんですよね。「できないことを受け入れないと、先へ進めない」とか。ただ、なかなか一言に集約できない。

ひきこもりの場合は定義上、当初はうつ病などの基礎疾患がなかったにもかかわらず、外出や就労が困難になってしまっているわけですけれども、うつによる休職を経て復職・再就職をめざす場面でも、同じことは言えると考えています。

與那覇　いま勤め人をしていないぼくが言うのもなんですが、自分の実感としてもそのとおりと思います。しかし自己啓発本やお仕事番組の流行が示すように、今日の日本では現役バリバリで働いている人たちですら、「この私の働き方は理想じゃない」という自己否定感に憑かれている。みんながなかなか「あきらめられない」のは、どうしてなのでしょうか。

斎藤　『社会的ひきこもり』の頃に注目されていたのは、青年期のひきこもりだったので、同書で指摘したのは教育の問題です。初等・中等教育の現場で、子どもの「無限の可能性」を煽ることに原因があるのではということですね。

子どもには成長していく過程で「自分はこういう存在で、それ以外にはなれないらしいな」として、自然にあきらめを獲得していく側面があるんです。ところが戦後民主主義の教育は「君たちは何にでもなれる！　だから夢を捨てるな」と強調し、そうしたあきらめを禁圧する性格があった。いわば、教育システムが「去勢」を否認してきたわけです。

與那覇　去勢とは字義的には、手術ないし投薬等で男性機能を切除することですが、いまおっしゃったのは精神分析上の概念としての「去勢」ですよね。

斎藤　そうです。エディプス・コンプレックスの理論から来るもので、かいつまんで言えば「幼児が抱いている万能感を、父なるものの介入によって、あきらめさせる」ということです。精神分析では、これは単なる成長の過程に留まらず、ほとんど「人間の条件」だとされています。

生まれたばかりの赤ん坊は、自分と母親の区別がついておらず、泣けば自然と母乳を飲ませてもらえる万能感にひたっています。ところが、そこに圧倒的な力を持った父が介入して、子どもを母から切り離し「去勢」する。子どもは「自分は万能ではないらしいぞ」とあきらめて、そこから成熟への道を歩み始める。もちろん二章でお話ししたように、精神分析の理論は「物語」ですから、文字どおりにそうした事件が家庭で起きているというのではなく、人間の心の成長を理解するためのひとつのモデルとして捉えてもらえばいいと思います。

私の考えでは、こうした比喩としての去勢は、幼児期だけではなく思春期を通じて何度も繰り返されていく。他者との出会いがいちばんの契機になりますが、ひきこもって他者との接点がなくなると、そうしたチャンスがなくなり、結果的に「あきらめられない」わけです。

與那覇　むずかしいのは、逆にあきらめが過剰でも問題なわけですよね。「俺はしょせんパシリ程度の器だ」とか、「ブラック企業の命令でも従って生きてくしかない」とか。フェミニズムが精神分析を批判するのも、「去勢が人を成熟させる」とする視点が、強大な父親による家父長的支配を待望しているように聞こえるからではと思います。

「適度なあきらめ」ができない戦後日本のシステム

與那覇　戦後日本は政治的には自民党の家父長主義が主流で、しかし文化的にはある時期まで圧倒的に左派が優位でした。岩波書店や朝日新聞が権威を持ち、学校の教員にも熱心な左翼活動家が多かった。結果として「お前らはその程度だ、あきらめろ」「いや、あきらめるな」と二重の声が聞こえてくる、ダブルバインド[39]的な状況に日本人は置かれてきたところがありませんか。

斎藤　『社会的ひきこもり』で指摘したのは、ある意味でダブルスタンダードの問題で、口では「無限の可能性」を言いながら、一方で「協調第一主義」によって支配する教育が強すぎたということです。つまり「君たちは何にでもなれる」と言いつつ、クラス運営などでは出る杭《くい》を徹底的に叩く。基本にあるのは「非行対策モデル」なんですが、子どもの逸脱行動を抑止・矯正することが教師の使命だと、そう信じ込んでいる先生が左右問わず多いんですね。

　またフェミニズムの批判に答えておくと、すくなくとも私は、精神分析は子どもの主体性を擁護するものだと考えています。主体化としての「あきらめ」は、個人が現実とせめぎあいながら獲得してこそ機能する。強権的な同調圧力で「空気読め。周りにあわせろ」と刷り込むだけでは、他律的に強制されたという感覚が残りますから、けっして主体的・自発的な「あきらめ」には至らないんです。

與那覇　大学デビューとか社会人デビューとか、「やっとこれまでの所属集団を外れたから、はっちゃけてなりたい自分になろう」的な言い方を若い人がよくしますよね。あれは要するに、上からの圧力で禁止するだけだと「一時的な我慢」にしかならず、精神分析が説く「成熟としてのあきらめ」は生まれないということですか。

斎藤　おっしゃる通りです。いっぽう、日本の教育現場で「万能感の強調」もまた止まらないことの背景には、キャリア育成の面での要因もあると思います。

ヨーロッパではフランスのバカロレアとか、ドイツのギムナジウムとか、中学生ぐらいの段階で学歴のコースがほとんど見えてきて、場合によっては職業教育と一体化して将来の仕事まで決まります。それに比べると圧倒的多数が普通科の高校に進学し、過半数が大学をめざす日本のキャリアパスは、良くも悪くも万能感――「努力すれば何にでもなれるはずだ」という感覚が温存されやすいシステムになっています。

それが意欲や行動によって支えられていればいいのですが、実際には万能感というものは、人の行動を阻害して無気力化する作用のほうが強いんです。「何にでもなれるはずの俺が、なんでこの程度なんだ。バカバカしい、生きるのは無駄だ」みたいな気持ちを誘発してしまう。

與那覇　医者の息子であれ大工の息子であれ、学校では「同じペーパーテストで勝負するんだ」というのが戦後日本の教育の前提にある平等主義で、戦前の巨大な身分格差を払拭《ふっしょく》するうえでは

39　人類学者のベイトソンが提起した、「どちらに従ってよいかわからない二律背反的なメッセージが、人を混乱させ、精神病理の発生に導く」とする理論。統合失調症などの「原因」の説明としては否定されたが、いまも家族療法などの分野で参照されている。

絶対によいことだったと思うんです。しかし薬が効きすぎちゃったというか、ちょうどその裏返しで「なりたいものになれていないやつは勝負に負けたんだ。努力が足りなかったんだから自己責任だ」とする、おかしな感覚も生んでいますね。

斎藤　イギリスの階級社会のように「最初からあきらめる」ヤンキー層が出てくる一方（一章）、かつての戦後的なミドルクラスは「何歳になっても夢をあきらめずに挑戦し続けなければならない社会」に囚われている。どちらも生きづらいあり方ではないかと心配しています。

マンガの主人公は「あきらめ」はじめた？

與那覇　学校のような公的な場に限らず、時として正式な教育以上に、人の成長に影響を与える装置は多々ありますよね。教育学者が「隠れた（Hidden）カリキュラム」と呼ぶものです。

斎藤さんのもう一つの専門であるサブカルチャーにも、日本の場合はいたるところに「あきらめ＝悪」と刷り込むしかけがある気がします。わかりやすい例では、少年バトルマンガのストーリーや、Ｊ－ＰＯＰの歌詞でしょうか。

斎藤　何といっても少年マンガの王道は、一九八〇年代に全盛期を迎えた『週刊少年ジャンプ』の「努力・友情・勝利」ですからね。仲間を信じて戦い続ければ必ず勝つという仕様ですから、後ろ向きになりようがありません。

たしかにＪ－ＰＯＰにも、紋切り型の歌詞で「夢をあきらめない」「想いがいつか届く」といった内容を歌うものが多い。最近はリスナーからも「翼広げすぎ」「瞳閉じすぎ」「君の名を呼びすぎ」などと揶揄されて（苦笑）、ネットではJ‐POPジェネレータと称する、定型句だけで歌詞を自動生成するサービスまで誕生しました。

與那覇　社会学者の宮台真司さんの代表作に、一九九三年の『サブカルチャー神話解体』（共著）がありますよね。同書によれば七〇年代以降、少女マンガがコミュニケーションの困難を主題に据えたのに対して、少年マンガはジャンプ型の単純なストーリーに回帰していった。音楽に関しても、女の子は「あきらめないで」系の応援ソングを途中で卒業してユーミンを聴きだすのに、男の子のほうがいつまでも渡辺美里を聴いているんだと悪口を書いています。

男女比で見ると、四：一程度でひきこもりは有意に男性が多いとよく言われますが、こうした文化的な違いはどの程度影響しているのでしょう。

斎藤　うーん、音楽の趣味まで性別で切れるのかというと、私は宮台さんの議論には懐疑的ですね。もしそうなら、三十代以降の「自分探し」系の女性がこれほど多いことや、美大受験生に女性が圧倒的に多い事実を説明できません。どう考えても男女差以上に、個人の好みの違いのほうが大きいでしょう。統計上のひきこもりに男性が多いのは、「男は、自立して家族を食わせて一人前」「女は、家事手伝いするなら実家にいてもいい」とする男尊女卑の構造が前提にあって、女性のひきこもりが事例化しにくいことによると考えています。

それにヒップホップ以降は男性向けのJ‐POPでも、昔にくらべて「ひたすら前向き」で能天気なものは減ったと思うんですよ。ＥＸＩＬＥや湘南乃風はたしかにポジティブ志向ですが、

「夢をあきらめない」という自己啓発的なメッセージよりも、「おふくろや嫁に感謝」みたいなヤンキー的な家族主義が強く出ている気がします。

與那覇　じつは宮台さんの同書を教員時代にゼミで読んだとき、ジャンプ作品でも分析の対象から『ろくでなしＢＬＵＥＳ』等のヤンキーマンガが落ちてないか、という批判をした学生がいたんです。鋭いなと思ったけど、やっぱり大事な指摘だったんですね（笑）。

　もうひとつ、やはりゼミ生から教えられたのは「最近のマンガのヒーローは成長しないんですよ」ということ。成長しないなら活躍できないじゃんと聞いたら「いや、最初から超スゴイんです」と。そうした目で見ると、ライトノベルも異世界転生ものなど「努力はしないけど環境が変わったら、ヒーローになれちゃいました」みたいな設定が多いですね。

斎藤　ＡＣの箇所（二章）で触れた一九九五年の『新世紀エヴァンゲリオン』の碇シンジ以降、少年マンガでも「後ろ向きの主人公」がポツポツと出てきたんですよ。二〇〇〇年代だといわゆるセカイ系作品が席巻して、この系統の主人公はだいたい「登場したときのまま」で成長しない。サブカル以外でも、いわゆる教養小説[40]的なフィクションは絶滅しつつあるように思います。

　また現役の作品だと私の好きな『ザ・ファブル』もそうなんですが、サヴァン症候群[41]的な造形というか「大きな欠落もある一方で、ものすごい特殊能力を持っている」設定のキャラクターが増えてきました。

與那覇　宇野常寛さんが最初の本（『ゼロ年代の想像力』二〇〇八年）で、「ドラゴンボールからジョジョ〔の奇妙な冒険〕へ」と呼んだ流れが極まってきたわけですね。成長して汎用性の高い能力を身につけていくというより、はじめから持っている個性で勝負するという。

斎藤　ええ。二〇一〇年代半ばからの発達障害バブルとも、こうした近年のサブカルチャーの傾向は密接に絡まっていると思うのですが、このテーマは次章でしっかり議論しましょう。

なんちゃって脳科学は「あきらめの呪文」

與那覇　『ジョジョ』だと第四部がそうですけど、サブカルチャーの世界では「それ何の役に立つの？」というヘンな能力の持ち主が、互いに助けあって、圧倒的なハイスペックを誇るラスボスを倒す話が多いですよね。あれは「永遠に成長を続ければ無限に強く（＝豊かに）なれる」といった、素朴な資本主義をもう信じられない時代のユートピア像なんだと思います。

しかし現実はなかなかそういかないので、社会的には長く続いた成長信仰への「あきらめ」というか反動が、むしろシニカルな形で出てきてませんか。典型が優生学の復活で、「人間は平等だなんてウソ。その人の能力は脳のつくりや、遺伝でほとんど決まってる」といった主張の本が、平成の末期からベストセラーになっています。

40　ビルドゥングス・ロマンのこと。教養とは単なる知識や情報ではなく、「学習や修養を通じて主人公がより高い状態へと成長してゆく」プロセスを指す。映画の『マイ・フェア・レディ』（一九六四年）が典型。

41　自閉症的な対人コミュニケーション面での障害と、特定の分野（たとえば記憶力や演算能力）での超人的な高い能力とを併存させている人を指す呼称。

斎藤　中野信子さんの『努力不要論』（二〇一四年）や黒川伊保子さんの『妻のトリセツ』（二〇一八年）のような、〝なんちゃって脳科学〟本が売れているようですね。

　世間では誤解があるようなのではっきり言っておきますが、現在の脳科学の水準は、人間の社会文化的な行動を実証的に説明できるレベルにはそもそも達していません。ほとんどは断片的なマウスでの実験結果などから、「きっとこうではないか」と類推しているだけなんです。

　たとえばオキシトシンというホルモンは、マウスの社会行動を促進することが知られていますが、そこから連想を広げて「愛のホルモン」であり自閉症に有効だなどと断定的に主張する人がいるだけで、エビデンスはまったくありません。平成の前半に疑似科学的な「心理学本」のブームが出尽くしたので（二章）、当時は「心理学の研究によれば……」として書かれていた内容を、「最新の脳科学によれば……」に置き換えて語っているにすぎないんです。

與那覇　正直ぼくにも、たとえば中野さんの書くものがまっとうな言論だとは思えない。不倫・いじめからあおり運転まで、ワイドショーで話題の不祥事に食いついては「脳のせいだからしょうがない。そういう奴は出てくるものだ」と〝あきらめ〟を説く。事件が起きてから「私にはわかっていた。なぜなら……」と主張するだけなら、（疑似）脳科学の意義は後出しじゃんけんと同じでしょう。いいかげん、きちんとした科学者が警告するべきではないでしょうか。

　橘玲《あきら》さんの本だと、「世の中ってこうした残酷な場所なんだけど、それでいいの？」というニュアンスを入れてバランスをとっていますが、やはり『言ってはいけない』（二〇一六年）のように露悪的な売り方をしますよね。それが広く読まれるのは、無限の努力を強いる社会に疲れた人が「なんだ、脳や遺伝の問題ならしかたないじゃん。じゃあ、あきらめてもいいよね」的に、むしろ救われた気持ちになりたくて買っているのだと思います。

斎藤　たしかに、あれで安心したという人も結構いるでしょうね。橘さんの本と同じく、各社の新書の果たした役割が大きい「発達障害バブル」にも似た側面があって、「先天性の脳機能による障害だから、育て方を工夫してもムダ。もうどうしようもない」といった悪い意味でのあきらめにつながっています（次章）。いまの脳科学の使われ方には、まちがった本質論や宿命論を助長しかねないリスクを感じます。

與那覇　すべては努力次第だとして「一〇〇％あきらめるな！」を刷り込まれた結果、くたびれ果ててしまい、今度は生まれたときから決まってたんだ、「一〇〇％あきらめよう！」の呪文に群がっていく。ぼくの目にはマッチポンプのようで、不健康に見えるのですが……。

斎藤　いずれにせよ「適度なあきらめ」とはほど遠い。それと前章のつづきになりますが、身体感覚を伴わない単なる知識だけで、本当にあきらめられるのかという点も疑問です。本で（怪しい）知識を摂取することで、一時的にあきらめられたような気がしても、その効果だけで残りの人生を生きていけるとはちょっと思えない。

與那覇　むしろオンラインサロンのオフ会で堀江貴文さんとかと直に会って、「やべぇ、この人には一生勝てないわ」みたいに感じるほうが、まだ健全だということですか。

斎藤　そこはむずかしくて、母親と一体化することで自分が万能だと錯覚する去勢前の幼児のように、「堀江さんと生で会ってる俺は、やっぱりすごい」となる可能性もあります。

またサロンのようにクローズドな人間関係の場合、心配なのは退会した後のことです。昔、ヤマギシ会[42]からの脱会者に聞き取り調査をしたことがありますが、イデオロギーを信奉して自ら入会したことの負い目から来る苦しみが半端ではなく、悔恨や喪失感からうつ病になり、自殺してしまう人もいました。もちろん、これは極端なカルトの例ですけれども。

グーグルの「検索」が成熟を困難に

與那覇　実際、ネットで見て怖いなぁと思うサロンの動画もありますね。盛り上がっているのは「教祖」に相当する主催者や著名ゲストだけで、近くに座れてハッピーなはずの一般会員の表情が完全に死んでいる（苦笑）。あれで人が勧誘できると思っているならヤバいというか、カルトと批判されてもしかたない気がします。

斎藤　でも、必ず引っかかる人がいるんですよ。警察がどんなに啓蒙しても、この世には脅迫耐性が低い人、つまり「絶対にNOと言えない人」が一定の確率で存在していて、オレオレ詐欺の集団はそういう人だけを狙っているそうですね。だから、いつまでも撲滅できない。

同じ理屈で、どんなに異常な動画でも「検索待ち」で定置網のようにネットに上げておけば、洗脳されやすいタイプの人が必ず引っかかる。ネット時代になって、そうしたビジネスが非常にやりやすくなってしまいました。

與那覇　ぼくはＧＡＦＡのなかではアップルに惹かれたことがなくて、真に新しい地平を開いたのはグーグルだと思うんです。正確にいうと、同社に代表される「検索」というテクノロジーが、いちばん人間の生のあり方を変えたと考えています。

たとえば検索機能があるせいで、あらゆる通販サイトからスペックや値段を比較できると、買うときになかなか他の選択肢を「あきらめられない」ですよね。昔だったら、近所のお店をひと回りしてベストな商品を選んだ日には、すごく充実した気持ちを味わっていたはずなのに。

斎藤　たしかに、近くの「行きつけの店」で買うということが減りましたね。私も申し訳ないと思いつつも、本はほとんどアマゾンで買うようになってしまいました。

ネット社会とあきらめの問題には、二つの相反するベクトルがあると思うんです。一つは與那覇さんが指摘した、「ベストな選択肢」をあきらめきれずに延々と検索してしまうベクトル。もう一つは検索語は入力しても、なにも考えずに最上位に来た「おすすめ」を買ってしまうベクトルです。そのあいだに中庸が見つからないというか……。

與那覇　その両者は対立しているというより、むしろ同じことの二つの側面ではないでしょうか。「ほかの人に言わせれば、いろんな意見があるだろう。しかし、俺にとってはこれがいいんだ。」そういう価値観の人間こそが、俺だ」といった境地に至ることを、われわれは長く「成熟」と呼んできたわけですが、どうも検索技術はそれを許してくれない。ずっと決められないか、選択基

42　自然農法的なコミューンの建設を掲げたカルト集団（一九五三年発足）。八〇年代にエコロジーの風潮と相まって支持を伸ばしたが、洗脳的な講習会で信者を獲得し全財産を寄付させる手法が批判され、社会問題となった。

準（＝価値観）をビッグデータに丸投げするかの二択になってしまう。

斎藤　そうした状況を背景に台頭したのが、Apple MusicやAmazon Prime、Netflixなどのサブスクリプション・サービスです。利用者からすると、固定料金を支払えば音楽は聴き放題・映画なら見放題。作り手も視聴された分だけ印税が支払われるので、取りっぱぐれがありません。

実際には契約しても月に映画を1～2本見るだけだったりするのですが、可能性としてはいつでも・いくらでも視聴できるので、「自分の趣味としてはこういう作品が好き」といったことを吟味する前に、「まぁ基本でしょ」という感じで加入してしまう。そうした点でも、現代社会はなかなか中間に留まれない、成熟しにくい環境なのかもしれません。

與那覇　「買い物くらい好きにすれば？」と思う読者もいるかもしれませんが、ぼくが教員時代に心配だったのは、この問題を「図書館での本の検索」に当てはめたらどうなるか、ということです。「こういう感じの本が、自分にはしっくりくる」という感覚を学生が自分でつかめず、「まぁアルゴリズムが勧める本だけ読んどこ。その範囲で卒論書いたろ」となった場合、思想の自由や教育の権利といった概念に、はたして内実があると言えるでしょうか。

またグーグルが反作用的に生み出した「新しい人権」に、忘れられる権利[43]の問題がありますよね。昔はいかに過酷なスティグマ（烙印）やトラウマであっても、いつか時の流れが忘却させてくれるものだと「あきらめられた」わけですが、検索時にヒットする形で永遠に残り続けるとなると、人が次のステージに進めなくなってしまうかもしれません。

「身体」はあきらめるためにある？

與那覇　なぜ「まだまだ理想の働き方じゃない」のように自分を追いつめて、かえって苦しくなってしまう人が多いのか。「あきらめられない社会」という切り口から考えてきた結果、ＩＴの副作用にまでたどり着きました。ここで見方を反転させると、人をあきらめさせなくしているＩＴには「身体がない」ことが、ヒントにならないでしょうか。

たとえば食べログで点数だけ見ていると「やっぱり３・２じゃなくて、３・４以上のお店を……」と検索を続けてしまいますが、実際に３・２の店で食べると身体感覚として十分満足だったりする（笑）。やや抽象化すると、言語や数値で表現すると「無限に」広がってしまう可能性を、人間は有限である身体によって「適度な規模」に引き戻して（＝あきらめて）生きてきたのではないか。そんなことを『知性は死なない』以来、よく考えています。

斎藤　たしかに身体の有限性を程よく活用できれば、それは去勢の契機になりえます。だからこそ千葉雅也さんのような哲学者も、最近は身体論を展開し始めたのだと思いますよ。千葉さんは身体がもたらす「意味がない切断」を重視しますが、わかりやすい例は議論ですね。

ネット上の議論はテキストしかないので、それこそ空中戦のようにえんえんと続けられて終着

43　端的にはネット上の個人情報や検索結果のうち、当人が忘れてほしいと思うこと（恥ずかしい挿話や軽微な犯歴など）の削除を要請できる権利。欧州などで明文化されたが、運用をめぐってなお論争がある。

点がない。でも直接会って話せば、落とし所が見つけやすくなります。これは表情や身振り、自律神経反応のようなメタメッセージのやりとりが可能になるためもありますが、一番大きいのは「物理的に疲れる」からでしょう（笑）。疲弊する身体の有限性が、結論を導くわけです。

與那覇　双極性障害ゆえかもしれませんが、ぼくが体験したうつ状態も、身体からの「あきらめろ」というシグナルのように思えることがあります。「これまでがまんしてきた人と一緒にいるのが耐えられない」という状態が、最初は「職場にいると嫌な気持ちがこみ上げる」で来るわけですが、徐々に「そわそわして汗が出て、椅子に座っていられない」のように身体に出はじめ、最後は文字どおり「寝たきり」で家を出られなくなりました。

しかし、だからこそ身体を通じて「これを快感（苦痛）に思え！」のように刷り込まれると、言葉で叩きこむ以上に究極の洗脳になってしまう怖さもあるわけですね。有名な「パノプティコン」[44]のモデルが典型ですが、人間の身体感覚を規律や訓練でコントロールすることで、本人が気づかないうちに「あきらめさせる」こともできてしまう。

斎藤　身体と言語の二元論で考えるとき、日本社会の「身体を媒介として、精神を無限性に開いていく」という奇妙な回路をどう評価するかが難しいところです。つまり高校野球のしごきとか、カルトの修行とか、日本には身体に限界を超える負荷をかけることによって、無限の精神力を獲得するみたいな風潮が根強くある。

私はそれを「身体主義的精神主義」と呼んでいるんですが、本来であれば有限性をもたらすはずの身体が、無限性を支えてしまう逆説です。ちょっと調べてみた範囲でも、ルーツになりそうなものとして比叡山延暦寺の過酷な修行である「千日回峰」や、神仏習合から派生した修験道《しゅげんどう》、言わずと知れた武士道の精神主義などがありますね。一章で参照した山本七平は「労働とは宗教にも通じる〝修行〟だ」と考える日本人特有の倫理観のルーツとして、江戸時代の思想家・鈴木正三と石田梅岩の二人を挙げていますが、そのほかにも多様な起源がある気がします。

片山杜秀さん（政治思想史）の『未完のファシズム』によれば、日露戦争で日本は、総力戦の原則から考えたら勝てる見込みのなかったロシアに「気合いで勝った」という成功体験を（誤）学習してしまい、太平洋戦争の玉砕主義に至ってしまう。身体は有限であるがゆえに精神を無限に高めれば、高まった精神が肉体に回帰して奇跡をもたらすという、倒錯した認識の構造はいまも根強くありますね。

與那覇　同じものが戦後にも持ち越されたんですよね。井上ひさしが『ベストセラーの戦後史』で批判していますが、一九六四年の東京五輪で女子バレーボールチームを率いた大松《だいまつ》博文監督は、インパール作戦の帰還兵。女子選手を強くするには「男と同じに接すればいい」「生理も気合いで克服しろ」みたいな指導でソ連代表を破り、太平洋戦争の敵討ちに成功してしまった。

斎藤　あの「東洋の魔女」の金メダルが、その後の日本の教育を狂わせた気がしますね。「日本

44　十八世紀末に功利主義者のベンサムが考案した「看守は全囚人を監視できるが、各囚人は見られているかわからない」構造の刑務所。囚人は無意識のうちに（見ているかもしれない）看守の視線を内面化させ、規則に従順な身体性を刷り込まれてゆく。哲学者フーコーが『監獄の誕生』でとりあげ、その権力論の端緒とした。

人は成功体験をうまく処理できない」という、中井久夫の指摘を思い出します。

與那覇　旧軍コンプレックスといえば、三島由紀夫も「身体を媒介として精神を無限に開く」発想にのめり込んだ人ですね。ボディビルの体験に基づく『太陽と鉄』では、言語能力のみが早熟だった元・虚弱児童が、あとから身体（三島の表現では肉体）を追いつかせてゆく快楽を綴っていますが、あまりの――母子密着的な？――恍惚した万能感にぎょっとします。

これには落ちがあって、関川夏央さんが書いていますが、ジムに通い出した際に三島はコーチから「自殺をしない」と約束させられたそうです。三十代のうちはやればやるほど筋肉がつくけど、四十代になると必ず衰えることに耐えられないビルダーが多いからと。これこそがスポーツ指導者の慧眼で、実際に三島もまた四十五歳で割腹自殺を遂げました（一九七〇年）。

斎藤　三島においても、身体は有限性の担保にならなかった。彼の中では、肉体が完全に観念化してしまい、去勢の契機をもたらさなかった。あるいは私の用語でいうと「操作主義」に陥って、肉体が単なる操作の対象になってしまったんでしょう。

面白いのは「右翼、マッチョイズム」だと批判されている人でも、三島の肉体コンプレックスをしきりにからかっている石原慎太郎は、意外に気合い主義的なことは言いませんよね。まあ戸塚ヨットスクールを支持したりはしているんですけど、魂を信じないぶん肉体への信頼がもともと篤いので、変に精神性で身体を加工しようとはしないのかもしれません。

あきらめても幸せでいるために

斎藤　最近の世相をみても体調データを管理する「Fitbit」のようなスマートウォッチが流行ったり、筋トレブームが起きたり。自分の身体をコントロールの対象（客体）としてのみ扱って、それが自己を容《い》れる「有限性の器」だという感覚はむしろ希薄になっている気がします。

與那覇　先ほど名前の出た操作主義とは、斎藤さんが『心理学化する社会』や『「社会的うつ病」の治し方』で用いた概念ですね。自己啓発本でコーチングを学び、サプリやアロマで五感をコントロールすれば「自分の心や性格をすべて思うがままにアレンジできる」とする発想を指すものです。いまも意識高い系の人には「幸せだから笑うのではなく、笑うから幸福感が湧くんです。苦しいときほどスマイル！」みたいな（疑似）ポジティブ心理学が人気みたいですね。

斎藤　これも変な話で、ポジティブ心理学の元祖であるマーティン・セリグマンは、元々は「学習性無力感」[45]などのストレス研究で知られた学者でした。本来のポジティブ心理学は「夢をあきらめない」ためのものではなく、「あきらめても幸せでいるための心理学」だったんです。

ネガティブなことに満ちた「現実」はなかなか変えられない。だから変えやすい「感じ方」のほうを変えることで、すこしでも楽になろうという提案だったのですが、そうした学問的に有意義な部分のほうは日本ではまったく普及していないと思います。

45「報われない努力」を続けさせられると、「がんばってもどうせ無駄だから、最初から努力しないほうがよい」という教訓を学習してしまうこと。ラットなどを用いた実験で効果が研究され、存在が立証された。

その要因としてあるかなと思うのは、正式なポジティブ心理学のプログラムは、人間関係に働きかけることが前提なんです。「パートナーと良い時間を過ごしましょう」「昔の友人や恋人に会いに行きましょう」みたいな項目が多い。そこがサプリ摂取型の操作主義に慣れた日本人にとっては、ハードルが高いと感じてしまうのかもしれません。

與那覇　たしかに集団主義的とされてきた日本人って、心の問題については異様なほど個人主義なところがあると思うんです。「うつで泣いてるだなんて、人に知られたらバカにされる。一人でこっそり医者に通って、薬も隠れて飲んで治さねば」みたいに思いつめる人が多い。

だとすると、あきらめるツールとしてサブカルは△、ＩＴは×、身体も×……のように個別に採点していくのではなく、むしろそれらの運用法に注目した方が生産的な気がしてきます。つまり、個人に閉じた形で「最強の「理想の自分」を作るぞ！」として操作主義的に各ツールを使うのか、周囲の人びとに開かれた「共同・協働」によって動かすのかの違いですね。

斎藤　おっしゃるとおりで、まさにそれこそが、私が近年ずっとオープンダイアローグにこだわってきた理由なんです。患者と治療チームが一か所に集まり、必ず複数の身体どうしが向きあって対話することで、参加者がそれぞれに適切なレベルでの「有限性」に出会ってゆく。そうしたプロセスの意義についてはぜひ、最終章で詳しく議論したいと思います。

【この章のポイント】

いつ、なにを、どのように「あきらめるか」が人生の本質であり、適切になされれば成熟と精神の安定をもたらす。だからこそ、いつまでもあきらめを認めなかったり、逆に都合よくあきらめさせることで相手を支配するような、悪い意味での「権力」の装置に気をつけよう。

第五章　話でスベるのはイタいことなの？——発達障害バブルの功罪

病気は社会のかたちを映す

與那覇　三十年強におよんだ平成時代の日本を振り返るとき、意外に「話題になったメンタルの病気」で区分できる気がするんです。最初の十年間は世界的なサイコスリラー・ブームがあって（一章）、解離性同一性障害（多重人格）を扱う小説やルポが次々とヒットしました。一方、詳しくは後ほど議論しますが（八章）、一九九九年のSSRI解禁から二〇一〇年前後の「新型うつ」論争まで、真ん中の十年間に注目を集めたのがうつ病です。

これに対し、最後の十年間で一気に注目度が上がったのが発達障害ですね。「アスペ」（アスペルガー症候群）のような略称がネットで広まり、二〇一七年には岩波明さん（精神科医）の『発達障害』がベストセラーになりました。むしろ有名になりすぎて、なんでも安易に「発達障害認定」してしまうバブル化を懸念する声もあります。

斎藤　率直にいって私は、目下の日本はあきらかな「発達障害バブル」だと考えています。おいおい説明しますが、専門家でも鑑別が困難なカテゴリー（病名）が、あまりに安易に多用されている。精神科の臨床現場ですら、かなりの誤解や混乱が見られます。

とはいっても、発達障害がここまで「時代を象徴する病」のように語られる現象は興味深いですね。評論家のスーザン・ソンタグの代表作に『隠喩としての病い』がありますが、たとえば「結核」が最大の脅威と見なされた時代と、それが「がん」や「エイズ」に替わった時代とでは、社会のあり方に大きな変化が起きていたという風にも考えられます。

與那覇　なるほど。発達障害の場合に背景としてあると思うのは、三章で議論した感情労働の拡大です。みんながサービス産業的な働き方をするようになると、昔気質《かたぎ》の職人風というか「俺は口下手だが腕は一流なんだ。文句あっか」といった生き方はむずかしくなりますよね。

結果として、走るのが遅いとか計算が苦手とかの弱点はいいけど、コミュニケーション力だけはあらゆる職種に共通の〈基本ＯＳ〉だから、欠陥があってはダメだとするプレッシャーが強まった。いわば産業構造の変化に伴う「コミュ力総必修社会」の成立です。

専門家の見方はまた違うかもしれませんが、ふつうの人が発達障害に注目するのって「話が通じない」状況に遭遇したときですよね。当人はめちゃめちゃ熱心に話してるんだけど、周囲の文脈とは全くずれていて、会話のキャッチボールが成立しない。二〇〇〇年代だったら「ＫＹ（空気読めない）」と言われた場面で、一〇年代は「こいつアスペじゃね？」のような発達障害認定が行われるようになりました。

斎藤　臨床現場での混乱と言ったのもそれで、いま精神科が悩まされているのが「自分のパートナーは発達障害だと思う」という訴えの増加なんです。そもそも戦後日本のサラリーマンの家庭は、家族がみんな寝る時間まで父親（夫）が帰ってこなかったりして、互いのコミュニケーションが不足しがちでした。そこから生じる「なんでこの人、こんな話も通じないの？」といったトラブルのはけ口に、発達障害ブームが使われている印象があります。

整理しておくと、本来発達障害は「子どもの発育の遅れ」というイメージで語られてきました。日本で知られるようになったのは、一九九四年にＤＳＭ―4[46]が「ＡＤＨＤ」（注意欠陥・多動性障害：Attention-Deficit Hyperactivity Disorder）を定義した時ですね。ＡＤＨＤに近い概念は八〇年代から存在しましたが、ＤＳＭに掲載されて正式な診断名となり、当初は「教室でじっと座っていることができず、学級崩壊を起こしてしまう児童」といった症例が注目されたのです。発達障害をどう区分するかは概念の変遷が激しく、二〇一三年のＤＳＭ―5でも大きな変動がありました（後述）。

與那覇　Ｈが入らないＡＤＤはもっと前からあって、「興味が始終他のことに移ってしまい、部屋を片付けられない主婦」のような人に使われたわけですよね。最近も映画の『ジュリー&ジュリア』（二〇〇九年）で、主人公が夫に「じつはＡＤＤなの」と言うシーンがありました。

これに対してＡＤＨＤは「衝動性」（多動）の要素が加わるので、最初は子どもに特有の病気

46　「精神障害の診断と統計マニュアル（Diagnostic and Statistical Manual of mental disorders）」の第四版、の略称。アメリカ精神医学会が編纂し、定期的に改訂される。二〇二〇年五月現在の最新版はＤＳＭ―5。

だとされていたのですが、一三年のDSM―5では「大人のADHD」を明記して、成人でもADHDとして診断されうることになりました。これが予想外の反響を呼んで、「それなら、自分／あいつも発達障害じゃない？」といったバブルが起きていると。

「コミュ障ゆえの天才」という神話

與那覇　陰謀論を説く気はないですが、このDSM―5にタイミングを合わせたかのように「発達障害の大人」を主人公にした映画が次々と製作され、高い評価を得ました。二〇一四年の『イミテーション・ゲーム』は、コンピュータの父とされる数学者アラン・チューリングの功績を、彼の重度のアスペルガー的な傾向と関連づけて描いています。翌年に続いたのがダニー・ボイル監督の『スティーブ・ジョブズ』で、ジョブズ自身は正式な診断を受けたわけではないようですが、作中で描かれるとおり対人コミュニケーションに問題を抱えていました。

とくに前者は本当の名作なので、多くの人に見てほしいのですが、チューリングにとっては健常者の会話自体が「暗号」だったんだと。「空気読め」って、できない人からすれば「はっきり言葉としては伝えないけど、文字面《づら》の裏に隠された意味を解読しろ」という命令ですからね。そうした彼の特性が第二次大戦下、暗号解読機の開発を通じてコンピュータを生んでいった。

斎藤　「IT業界の偉人には発達障害が多い」というのはなかば都市伝説化していて、二〇一〇年にデヴィッド・フィンチャーが撮った『ソーシャル・ネットワーク』という問題含みの映画もあります。マーク・ザッカーバーグがフェイスブックを創業する過程を描いているのですが、本人はそうでもないのにわざと「発達障害っぽく」描いたら、逆にリアリティが出て大ヒットになった。ザッカーバーグ自身はかなり怒ったそうですけど。

與那覇　コミュニケーションに癖《くせ》がある「ちょっと変なやつ」のほうが、それと表裏一体の天才的な才能を持っているとする先入観を逆手にとったわけですね。前章で議論した「あえてオールマイティではない」サブカルの新しいヒーロー像とも通じます。

斎藤　ええ。その点では日本のコミックのほうが先行していて、私がよく「発達障害が「聖痕」になる時代」の象徴として言及するのが、『DEATH NOTE』（連載二〇〇三〜〇六年）の探偵役だったLです。シャーロック・ホームズっぽいとも言えますが、もっと社会性がなくて、最重度のひきこもりにさえ見える。ただし推理力がすごい。

與那覇　面白いのは一度そういうキャラがヒットすると、複製されて広がっていくんですよね。『イミテーション・ゲーム』でチューリングを好演したベネディクト・カンバーバッチは、舞台を現在の英国に移した『SHERLOCK』（BBCのテレビドラマ）のホームズ役でブレイクした人。『DEATH NOTE』の実写映画でLに扮した松山ケンイチさんも「怪優」としての名声を得て、やはり「コミュニケーションができない天才」だった実在の棋士を『聖の青春《さとし》』（二〇一六年）で演じました。

私はこういう現象を見ると、よきにつけ悪しきにつけ「歴史」の時代は終わって、代わりに人々は「神話」を生き出しているんだと思うんです。虚実ないまぜで、フィクションで演じたはずの役がいつの間にか歴史劇（＝過去の再現）でも姿を現して、相互にキャラを交換可能なくらい似通っていく。ちょっとレヴィ＝ストロースっぽいというか……。[47]

斎藤　たしかに最近は、映画のなかではなく実世界でも、意図的に「空気を読めないがゆえに才能がある」キャラを演じているのかなと感じる事例がありますね。古市憲寿さんはニュースショーのコメントでいつも炎上するし、落合陽一さんは異様な風采でテレビに出て、レトルトカレーをストローで飲むといった「奇行」を披露しています。演出かどうかはともかく、メディア上ではそういうキャラの部分も込みで「消費」されていることは間違いないでしょう。

與那覇　そうした風潮を自己啓発に応用したのが、発達障害ブームのさなかに刊行された堀江貴文さんの『多動力』（二〇一七年）です。同書にＡＤＨＤへの言及は一切ないものの、タイトルと「テスラ社ＣＥＯのイーロン・マスクは自分で服が着られない。なぜなら服を着ている間に、やりたいアイディアをいくつも思いついてしまうからだ」みたいな描写で、「発達障害っぽい」人材こそがいまは旬なんだぜとほのめかしている。

　しかし問題はそういったメディア上の「ポジティブ・イメージ」で、ほんとうに病気の人や、彼らとのコミュニケーションに悩む人たちが救われるのかということですよね。

知られていない治療の現実

斎藤　特定の病名が過剰に流行することには精神医学界の責任もあって、ひと昔前なら「知能は高いけど対人関係がダメ」なジョブズ型の人は、パーソナリティ障害[48]として診断されたはずなんです。ところが今は研究の潮流が変わって、同じタイプの患者さんでも発達障害として診るようになり、それがメディアで増幅されて広まっていく。実際には「見方が変わった」だけなのに、「発達障害が急増中」「じつは何百万人もいる！」的に煽られてしまうんですね。

また診断の基準はこのように改訂されてゆくものなので、古い本に書いてある知識が、現在の治療の現場とずれてしまうことがあります。たとえば「知能や言葉の発達に遅れがない自閉症」を指すアスペルガー症候群という診断名は、日本では「アスペ」として発達障害の代名詞のように使われがちですが、現行のＤＳＭ―５ではすでに削除されています。もはや日本限定で人気のある診断名と言っても過言ではありません。

與那覇　少し前に出た一般書には「発達障害は、ＡＤＨＤとアスペルガー症候群に二分される」のように書いてあるけど、いまは違うと。そもそも、なぜＤＳＭから消えたのでしょう？

斎藤　米国ではアスペルガーの有病率が非常に低いので、自閉症系全般を包括する「ＡＳＤ」（自閉症スペクトラム障害：Autism Spectrum Disorder）に含めることになったんです。

47　文化人類学者（一九〇八～二〇〇九年）。神話を実際の歴史と照合するのではなく、個別の文脈もあえて捨象する構造主義の手法を用いて、世界各地のリンプルを横断的に分析した『神話論理』などの大著で知られる。

48　その文化で標準的とされる人間像とは異なる認知や行動の様式を生育期に身につけたために、周囲との摩擦に悩まされる症状を指す呼称。映画『17歳のカルテ』（一九九九年）が描いた境界性パーソナリティ障害など、いくつかのパターンがある。

與那覇　気になる読者も多いと思うのでお聞きしたいのですが、このＡＳＤとＡＤＨＤは、はっきり分けられるものなんでしょうか。新書レベルの入門書だと、どちらの説明にも「自分独自のこだわりが強い」「衝動的な感情をコントロールできないことがある」、はては「両者が合併する症例もある」と書いてあったりして、よくわからない印象があります。

斎藤　いちおう、治療の上では大きな違いがあって「ＡＳＤは薬が効かないけれど、ＡＤＨＤは薬が有効だ」ということになっています。ただ、おっしゃるように合併事例も多いとされているので、画然と分けられる概念でもありません。

また薬が効くといっても、あくまで対症療法として「症状を抑える」もので、「原因に作用して根治する」という意味ではないことに注意が必要です。薬を出す場合は、コンサータやストラテラという集中力を高める薬を処方する例が多いですね。

與那覇　発達障害のケアにボードゲームを活用している、松本太一さんという方がいるんです。ぼくがいちばん理解できたＡＳＤとＡＤＨＤの区分は、彼が講演で述べていたことで、ＡＤＨＤの症状だとゲーム中に「つい（反則だと知ってはいても）カードの裏を見ちゃう」のに対して、ＡＳＤだと「反則ではないが、ゲーム上で意味がないことをやっちゃう」のだそうです。たとえばお金を投資して「製品を作る」ことが目的のゲームなのに、いつまでもお金を貯め続けて一人で満足しているといった事例ですね。

ＡＤＨＤには薬が効くけどＡＳＤには効かないというのは、前者の問題は「集中力の欠如による発作的な行動」だからある程度抑えられるけど、後者は「思考回路そのものがユニーク」なので投薬ではコントロールが難しい、という理解でよいのでしょうか。

斎藤　そういう理解で間違いではないと思います。ADHDの欲望は「普通の人（定型発達者）」にもわかりやすいけれど、ASDの欲望は特殊でわかりにくいことが多い、とも言えます。

ただし発達障害概念は「スペクトラム」というように、連続性を重視します。障害か否かのはっきりした線引きができないんですね。精神科の診断には病気かどうかの線が引ける「カテゴリー診断」と、程度でしか診断できない「ディメンジョン診断」があって、発達障害は後者なんです。最近はよく「発達デコボコ」と言ったりするのですが、これは「人はすべて、多かれ少なかれ発達の問題を抱えているが、日常生活に問題が生じるレベルの場合は発達障害と診断しよう」という発想で、私もそれが正しいと思っています。

当事者研究と「障害ポルノ」のあいだ

斎藤　アスペルガーをいまはASD、つまり「自閉症の一種」として捉えているとお話ししましたが、発達障害をポジティブに捉えるブームの起源をたどると、ドナ・ウィリアムズの自伝『自閉症だったわたしへ』（原著一九九二年）の世界的大ヒットが大きかったと思います。

病気を経験した人自身が、自分の人生や体験をふり返ってその意味を考える手法は、その後「当時者研究」というジャンルを形成するまでになりました。日本だと、綾屋紗月さんの『発達障害当事者研究』（二〇〇八年。熊谷晋一郎と共著）が非常によく読まれています。與那覇さんの

『知性は死なない』は、双極性障害の当事者研究としても読むことができますね。

與那覇　当事者研究という用語は病前から知っていましたが、恥ずかしいことに内容をきちんと理解しておらず、自分の本も当てはまるらしいというのは、刊行後にネットのレビューで書かれて気づきました（苦笑）。体験者でないとわからないことはあるし、当事者による語りは「私はこう感じた」という形で自然と身体性――主人公の人格を現前させるので、「ASDとADHDの違いは……」といった知識だけの記述よりも、読者が入っていきやすい強みがあります。

一方で気をつけないといけないのは、だからこそ前章で批判したお仕事ポルノのような「障害ポルノ」に堕《だ》してしまうリスクもある。実はいまネットで検索すると、発達障害ブームで作られたTV番組に対して、そうした不満を感じている患者さんも多いようなんです。

斎藤　そうなんですか？　どういう文脈で……。

與那覇　本当に難しいんですけど、メディアが取り上げる事例は「成功物語」に偏りがちですよね。「患者は大変です・悲惨です」では視聴率がとれないし、偏見を助長する危険もありますから。でも、いま病気に苦しんでいる人の目で見たとき、「症状が軽い・特殊な才能があった・周囲の環境に恵まれたから「私は助かりました」な話は、もういいよ！」という風に映ってしまう側面があるし、その気持ちはぼくも痛いほどわかるんです。

どうしたらポルノ化を避けられるのか。正解はないのでしょうけど、少なくともぼくが意識しているのは、①症状の軽重や、病名が異なる人への「共感」（一章参照）を欠かさないこと。②必ずどこかで「とにかく俺はこうだった」ではなく、それは時代や社会といった大きな文脈で見るとどうなのか？　というマクロな視点と関連づけること、でしょうか。

斎藤　そこは重要ですね。当事者本でも「俺はがんばって立ち直った。お前らもがんばれ」系のものは、抑圧にしかなりません。與那覇さんのいう社会的な視点についても、それを「いまはこういう時代なんだから、適応しろ！」といった自己啓発路線に転化させない工夫が必要です。

先ほどの綾屋さんたちは、『ソーシャル・マジョリティ研究』という面白い本を出しています。発達障害の当事者の視点から、社会の多数派が（無自覚に）したがっているルールやコミュニケーションを研究した本で、「ふつうの人」だって実は結構奇妙であることが逆照射されています。こうした対話から新しいルールが作られていけばいいのですが。

與那覇　二〇一五年にADDをカムアウトして直近のブームの火付け役になった栗原類さん（モデル）の『発達障害の僕が輝ける場所をみつけられた理由』（二〇一六年）でいいなと思ったのは、お母さんや主治医の視点を入れて「どう病気に気づき、いかに治療してきたのか」を客観視していることでした。栗原さんはニューヨークの小学校に通っていたとき、八歳で発達障害と認定されたそうですが、そのプロセスがとても参考になる。

NYが先進的な地域だというのもあるでしょうが、担任の先生の側から「疑いが強いからテストを受けさせたい」とお母さんに申し出があったと。どうも、そう伝えることこそが「病者の権利を守るための義務」だという風に、教育行政上なっているようなんですね。だから非常に綿密なテストや診察で障害の有無を判定し、病気だと認められたら、高校卒業まで支援する責務が教育機関に発生する。それは誰が悪いわけでもないのだから、教師も親も「こうなったのは私の責任です」「申し訳ありません」なんて言わなくてよいそうです。

斎藤　うーん、私は米国で主流の「早期発見・早期治療」という考え方にはちょっと批判的なんですよ。過剰診断になりがちだし、また栗原さんは幸いそうではなかったようですが、発達障害だと「疑われた」時点で、本人や家族がスティグマを押されたと感じてしまう危険もある。あくまでも可能性の指摘にとどめ、押しつけにならない情報提供からはじめてほしいし、治療を開始したあとでも反応を見て診断を撤回するような、柔軟性があってほしいです。

ただ二章でも論じたように、日本では逆に「恥ずかしいから公的支援は受けるな。世間には隠して家族内でなんとかしろ」といった異様なプレッシャーが病気の当事者にかかりがちです。それと違うモデルを知っていることは大事ですね。

與那覇　米国ではむしろ、一定の割合で「発達障害の児童・生徒」は教室にいることを前提にして、学校も家族もシステマティックに対応していると。たしかにおっしゃる批判もわかるのですが、ぼくのような元教育者としては、非常にうらやましいと思いました。

日本の場合、仮に教えている側が「この子、ひょっとしてそうかな」と思ったところで、伝達する手段が現状ではないんですよ。懇切丁寧に、一切の差別意識なく「あなたの人生のためでもあるから」と真摯に伝えたところで、「うちの子を病気呼ばわりしやがった！」と親が怒鳴り込んできた時点で教師生命が終わりですから。これは改善しないといけません。

斎藤　伝え方にも工夫が必要です。オープンダイアローグの実践では、あえて「不安」を積極的に口にしてゆくことがある。「お子さんのこの言動には発達障害の懸念を感じるけれど、それを伝えて傷つけたくないし、かといって伝えずに対応が遅れるのも困るので、どうしていいかわからず不安です。この不安の解消を手伝っていただけませんか」と、親に言うわけですね。

一方的に「発達障害の疑いがあるから、専門医を受診してください」と伝えるよりは、受けとめてもらえるようです。親が反発するのは子どもが病気だという指摘以上に、伝える際の教師の「上から目線」だったりするので、けっこう有効じゃないかと思っています。

発達障害が「あきらめる装置」に？

斎藤　メディア上の発達障害バブルについて、もう一つ私が懸念するのは、「自分探し」の答えとして発達障害を使う傾向が出てきているんです。いろいろな生きづらさを抱える中で、「あ！　自分はASD／ADHDなんだ。だからしかたないんだ」と〝気づいて〟安堵する人が増えている。いわば、発達障害の「アイデンティティ化」が進んでいます。

與那覇　包帯ぐるぐる巻きの綾波レイが時代の象徴になったエヴァ・ブームの頃には、「リストカットしていること」を自分のアイデンティティにするといった風潮が青少年に見られて、問題になりましたよね。いまはそれが、発達障害に移行しているということですか。

斎藤　そうなんです。ちょっと前までは「解離性同一性障害」とか「新型うつ病」などが流行しましたが、いまは発達障害が席巻している状況ですね。

前章で（疑似）脳科学の言説が「あきらめる装置」になっている点を指摘しましたが、発達障害が同様に使われて、患者さんが「自分は障害者だから、これ以上発達することはない」「どうせできないんだから、何も変えなくていい」と自らの成長に見切りをつけてしまう。これは精神医学界が、発達障害は「器質性の脳機能障害」だと定義していることにも原因があります。ほんとうは発達障害の原因は複合的で、まだ十分に解明されたとは言い難いのですが……。

與那覇　率直にお聞きしたいのですが、日本語の「発達障害」という文字面はどうしても「育ち遅れ＝子育ての失敗」を連想させますよね。米国式の「一定の確率で必ず生まれるユニークな子」ではなく、「親の育て方が悪かった」みたいな印象を招くというか。

　そうした誤解に基づく偏見を予防するうえでは、「あくまでも脳の問題です。親のしつけ不足等ではないのだから、自分を責める必要はありません」と断言することにも意義があるのかなと。

斎藤　その点は確かにそうで、「あなたの育て方が悪かったから、おかしな子になった」といった批判から母親たちを救う効果はあったかもしれません。

　しかし、私が尊敬する精神科医の神田橋條治さんの名言「発達障害は、発達します」[49]にもあるように、発達障害とは「能力がこれ以上伸びない」という意味ではありません。むしろストレングス・モデル[50]のように、本人のポジティブな特性を伸ばしていくことが大事になる。発達障害に「なった」ことの責任を問う必要はありませんが、発達障害「である」ことを踏まえて今後どう成長していくかを考える視点まで、失われてしまっては困るんです。

與那覇　なるほど。難しいのは、逆にプロの精神科医で「いや、子育ての仕方がやっぱり大事なんだ」と主張する方もいますよね。各種の精神病理について啓蒙書を書いている岡田尊司さんは

『発達障害と呼ばないで』（二〇一二年）で、いま発達障害として鑑別されている人の多くは、ほんとうは愛着障害で、子どものときに安定した形で愛情を注がれなかったことが原因だと主張しています。

個人的には、岡田さんには読みやすい良書もある一方で、「児童虐待がパーソナリティ障害を生む」といったフロイト主義が強すぎると感じることもある。いずれにしても、ここまでお医者さんによって言うことが違うと、ふつうの人は不安になってしまうと思います。

斎藤　うーん、おっしゃるように岡田さんは時々、あきらかに偏った主張をすることがあるんですよね。そこまではっきり鑑別できるかは、個人的には疑問もあります。

また愛着障害とは「主たる養育者」との適切な愛着関係が作れなかったことで生ずる、さまざまな問題の総称です。イギリスの精神科医ボウルビィが提唱した愛着理論がもとになっていて、愛着（Attachment）とは「特定の人に対する情緒的なきずな」を意味します。ポイントは、三歳児神話（二章参照）のように愛着関係を母親だけに押しつけないところで、父親も重要な役目を担っています。エビデンスがはっきりしているため人気がありますが、またぞろ「親の養育方針」にすべてを帰責する、逆の極端に行ってしまわないかという懸念も感じます。

49　神田橋條治『発達障害は治りますか？』花風社、二〇一〇年。
50　本人の異常性や病理に注目する医療モデルではなく、本人の「強み」や「ポジティブな特性」を見つけ出し、その強みを中心にして支援しようとする考え方。

病気モデルより障害モデルを

與那覇　発達障害その他の疾患を精神病とも言うし、精神障害とも言うわけですけど、どうも私たちは「病気」の方のモデルでそれらを捉えすぎていて、そこから問題が生じるんじゃないか。最近そんな風に思うことが増えたんです。

病気というのは症状が消えれば「治る」し、まだ残っていれば「治っていない」わけですよね。非常にデジタルで、はっきり二分できるわけです。そうした発想を発達障害に当てはめるせいで「だって器質的に脳が損傷してるんだから、「治らない」んでしょ？　じゃあもう、あきらめるしかないじゃん」といった思い込みが生まれているような。

斎藤　まさにそこが一番、私が「発達障害バブル」を批判するゆえんですね。医師の方はあくまでディメンジョン（＝程度の問題）で診断しているのに、それが社会に伝わっていないんです。

與那覇　患者さんにとっては大事なことなので、きちんと議論しておきたいのですが、これが深刻な問題になりうるのはたとえば障害年金を受給するケースです。金額は症状の軽重や、加入していた年金・家族構成により異なりますが、それだけで自活できる額ではなく、月あたり七万円ほどという例が多い。また審査は非常に厳しいと言われています。

統合失調症やうつ病を発症して働けなくなり、申請して受給していた人は、基本的には働きだすと「治った」と見なされて、障害年金は止まります。一方で発達障害の場合、「働きだしたけど、障害がなくなった（治った）わけではないので」ということで、受給が続く場合もあるようですね。公的な障害者雇用の窓口で、担当者から聞いたことですが。

斎藤　たしかにそうした傾向はあります。ただし発達障害に限らず、年金の受給対象になるのは障害が重度で、就労できない人です。年金等級の判定は診断された病気の名前ではなく、主治医が診断書に記載した重症度や自活能力、就労可能性を総合的に判断してなされます。ですから発達障害の人でも、就労できるようになれば支給は止まるのが本来のあり方です。

おそらく担当医が診断書の書き換えを面倒臭がって、現状維持にしてしまうのでしょう。私の場合はあらかじめすべての患者さんに制度の趣旨を説明して、「就労してその収入で自活できるようになったら、そのことを診断書に記載しますよ」と約束してもらっているので、就労に伴って年金が止まることになります。これは制度の問題と言うよりは、主治医がしっかり判断していないということですね。

與那覇　なるほど。近年はコミュニケーションが苦手というと、すぐ「それって発達障害？」というラベルを貼られがちですが、『知性は死なない』に書いたように、うつの場合でも文章を読み書きする力や、人前で発信する能力は低下します。もちろん回復に伴ってそれらも戻ってくるわけですが、病気の前と「完全に同じ」になるところまで「治る」とは限らない。

うつの後遺症で認知能力に欠損があるけど、働きたい人。発達障害でコミュニケーションに困難を抱えているけど、働きたい人。どちらも苦労しているのは同じですよね。「ぼくはこっちの病名で診断されているから」ということで、処遇が事実上異なるように思われては不公平感を招いてしまうので、現場の先生方にはきちんとしていただきたいなと感じます。

斎藤　日本の障害者行政は現状、「知的障害」「身体障害」「精神障害」の三つのカテゴリーをひとまとめに運営しています。前二者は回復不可能とされる固定的・確定的な障害ですが、精神障害の場合は「治る・改善する」可能性が部分的に含まれているわけです。

病気や障害が「治る」とはそもそもどういうことなのか？　という考察をきちんと深める作業が不足していたせいで、制度的な齟齬が生じている側面はあるかもしれません。

與那覇　たとえば「障害学」という研究分野がありますが、これはディスアビリティ（disability）・スタディーズの訳ですよね。障害とは「able（可能）でないこと」である。逆にいうと社会の側が適切なサポートをすれば、固定的な（＝治らない）身体障害の人でも「able になる」部分は必ずある。典型的には、きちんとスロープやエレベータを設置すれば、車椅子の人だって高い場所まで移動できるようになるわけです。

発達障害はじめ、精神疾患でいう「障害」の原語はディスオーダー（disorder）が多いですが、これは「秩序（order）立っていない」という意味ですよね。いまは本人の調子が悪かったり、周囲との不調和があったりして秩序が崩れてしまっているけど、やはり適切な治療や環境調整がなされれば、ある程度秩序立てていける部分がある。そう捉えるべきではないでしょうか。

斎藤　ＤＳＭの翻訳には混乱があって、disability も disorder もどっちも「障害」と訳されます。mental disease を「精神疾病」、mental disorder を「精神疾患」、mental disability を「精神障害」と訳し分けようという提案もあるのですが、かえってわかりにくい気もします。

私としては回復困難な欠損という意味で身体障害に使われやすい disability に比べて、回復可能性のニュアンスを持つdisorderのほうが、患者さんが希望を持ちやすい語感のようにも思っています。いずれにせよノーマライゼーションの発想から行けば、障害を適切に補うような環境調整は必要ですし、障害を自己責任としないような啓発活動も必要ですね。

與那覇　病気や障害を持っている人は常に一定数いるし、どんな人にもそうなる可能性があるわけです。そこで「治ってない人＝支援あり／治った人＝支援なし」のようなデジタルな発想で対応すると、必要な人がサポートを受けられなかったり、逆に過剰に保護されている印象を与えたりして、必ず問題が出てくると思うんですよ。

これから社会保障の持続可能性が問われるなかで、ぼくはそれをすごく懸念するんです。むしろdisabilityもdisorderも、本人の内側にある「病気」というより、社会や周囲との関係性のなかで生じている「障害」なんだと。保護の対象になる人／ならない人を線引きするんじゃなくて、シームレス（境目なし）に対応していこうと。そういう観点を持っていたいと思います。

能力は環境とシームレス

與那覇　発達障害の原語はDevelopmental disorderですけど、そもそもディベロップメントの方も「発達」と訳さないといけないのでしょうか。この訳語が「誰もが当然通るべき成長の道から外れた」という印象を作り、育て方が悪いといった偏見も生んでいませんか。

斎藤　原義としては、そういうニュアンスなんだと思います。エリク・H・エリクソン[51]が提唱した「発達課題（Developmental task）」という概念がありますね。「自然な発育をすれば、○歳の時までに○○が身につく」といった指標を提示したもので、そこからの遅れが著しければ退行や未成熟さとして問題視されるわけです。

與那覇　ただそれだと、どうしても「先に課題を達成した子が優秀、遅れた（たとえば発達障害の）子は落ちこぼれ」みたいな発想につながりますよね。ぼくはむしろディベロップメントを開発と訳して「能力開発の不均衡」と呼んだ方が、Developmental disorderへの社会の向きあい方として正しいと思うんです。より口語訳すると、先ほど出た言い方にも近いですが「才能の伸ばし方のデコボコ」になるでしょうか。

もちろんあまりに偏った伸び方だと本人が苦労してしまうけど、みんなが均一で同じような人間に育ったらつまらんじゃないですか。自分はAは大得意だけどBがド下手で、お前はちょうど逆だから、組んで凸凹を補いあえば俺ら最強だと。そういう生き方だってOKなはずで、それもできないくらい凹凸《おうとつ》が極端になってしまったら、社会の側でサポートすればよいのでは。

斎藤　それはまさに「発達デコボコ」の発想で、発達障害研究の第一人者たる杉山登志郎さんが以前から提唱していることですね。発達障害の診断はディメンジョン診断で、要は程度問題という理解が原則ですから、むしろそう考えるべきなんです。ただ一般の人や一部の専門家は、どうしてもカテゴリーとして固定的にとらえがちで、それが差別や偏見につながりやすいわけです。

発達を「開発」に替えるアイディアは悪くないと思いますが、これは本来、「発生」や「成熟」と同様の生物学用語なので、変更は難しいでしょう。また細かいことを言えば「性的発達」と

「性的開発」では、ニュアンスが全然変わりそうで心配です（笑）。

與那覇　同じ単語を使う別の文脈と結びついてしまうのが、翻訳の面倒くささですね（苦笑）。

しかし、個人的に映画の『イミテーション・ゲーム』や『スティーブ・ジョブズ』でいちばん印象的だったのは、天才と呼ばれた主人公の「能力」を、本人の所有物というより「周囲との関係性」として描いていることでした。チューリングやジョブズは本人だけを見ると絵に描いたような「コミュ障」だけど、女性の同僚や秘書が、あたかも恋人か母親のように世話を焼いてあげた結果として、大きな発明を成しとげていく。

彼らは最初、周囲との間に極度の disorder を抱えていて、その瞬間だけ見ればイタすぎる人間なわけです。でも互いに歩み寄って有機的な order（秩序）が生まれたら、ものすごい「能力」を発揮した。そういう寓話に自然となっている。

斎藤　「天才は小集団現象」と中井久夫さんが言っていますが[52]、偏った発達特性を持っている天才は、周囲の理解者がうまく支えてあげて、はじめてその能力が一〇〇％発揮できる。ニュートンなども現在の基準では発達障害と診断される可能性が高いと思いますが、たまたま環境が整っていたから、本人のユニークさとの相関関係でものすごい成果を出した。

51　発達心理学者（一九〇二～九四年）。フロイトの娘アンナに師事した精神分析の理論をもとに、発達課題のほか「アイデンティティ」をはじめとする、心理学の主要概念を提唱したことで知られる。

52　中井久夫「日本に天才はいるか」『家族の深淵』みすず書房、一九九五年。

また「恋人や母親のように」というのも示唆の深いポイントで、個人と環境がよりよく調和するためには一定の承認が必要なんですね。それで思い出すのはノーベル経済学賞を受賞したジョン・ナッシュ[53]です。

彼は発達障害ではなく統合失調症を発症しており、その生涯は伝記映画『ビューティフル・マインド』(二〇〇一年)で広く知られました。薬物治療があまり効かず、服薬は中断していたらしいのですが、それでも寛解状態を維持できたのは、パートナーのアリシアさんが離婚後も、献身的に支えたからだと言われています。

コミュ力と「共感力」は別物

斎藤　発達障害の人は「コミュ力が低い」と言われがちですが、この概念もきちんと考え直すべきだと思います。いま、子どもたちの世界でコミュ力と言うと「空気を読んで、人をいじって、笑いを取れる」ことを意味しています。つまり、お笑い芸人がロールモデルになっている。注意しなくてはいけないのは、コミュ力が高いことは、必ずしも共感力が高いことを意味しないんです。スクールカーストを研究している鈴木翔さん(社会学者)は「カースト上位者は共感力が低い」と論文に書いていますね[54]。

與那覇　本当ですか?　米国のスクールカースト映画の最高峰である『ミーン・ガールズ』(二〇〇四年)は、たしかにそういう話でしたが……。

斎藤　質問票からデータを取って解析しているので信頼性は高いと思いますし、私はすんなり腑に落ちました。なぜなら共感力が高い人は弱者にも共感するので、「いじって笑い者にする」ことはできなくなるんです。そういう躊躇《ちゅうちょ》がない人が、徹底的に他人をいじり続けて笑いをとり、カースト最上位に君臨するのはわかりやすい。つまり彼らはコミュ力は高いけど、共感力は低い。

與那覇　なるほど。だとすると気になるのは、それでは発達障害の場合、正しくはどういった能力に「問題がある」と捉えるべきなのでしょうか。

斎藤　私の考えでは、まさに共感力で、発達障害の特性は「空気が読めない」のではなく「他人の気持ちが想像できない」と呼ぶべきだと思います。ただし急いでつけ加えますが、発達障害の場合に欠けてしまう共感力とは「心が冷たい」といった人間性の問題ではなく、純粋に認知機能の問題なんです。

有名な「サリー・アン問題」（次頁参照）で、発達障害の人が躓《つまず》いてしまうのは、①第三者の目で見て「ボールがどこにあるか」と、②登場人物の視点では「どこにあると思われているか」を区別できないからなんですね。他の知能は高い人でも「サリーは箱を開ける。なぜなら、いまボールが入っているのはそこだから」と答えてしまう。

53　数学者（一九二八～二〇一五年）。「ナッシュ均衡」の発見をはじめとするゲーム理論上の業績で知られる。映画では発病の時期が実際より早められ、また離婚の経緯が省略されるなど、一部史実を脚色した箇所がある。

54　鈴木翔「「スクールカースト」とは何か？：首都圏の公立中学生を対象とした質問紙調査の分析から（Ⅲ-1部会 教育病理、研究発表Ⅲ、一般研究報告）」『日本教育社会学会大会発表要旨集録（62）』二〇一〇年。

サリー・アン問題（Simon Baron-Cohen, Alan M. Leslie, and Uta Frith）。サリーはアンがボールを移したことを知らないので、正しい答えは「カゴを探す」。

與那覇　共感力というと、一章で議論した「相手の存在を承認して信頼関係を築く」能力と混同してしまうので、なにか違う表現がほしいところですよね。また人間性の場合はなかなか変えられなさそうですけど、そうした認知能力の場合は、改善するような治療のプログラムはあるのでしょうか。

斎藤　現行の治療プログラムで、「これで共感性が確実に改善する」とうたっているものはないと思います。そもそも発達障害は「治らない」という認識が一般的なので。でも、私は先ほども述べたとおり、発達障害の人でも発達はする、つまり改善する可能性は持っていると考えています。

たとえばエンパシー（感情移入）的な意味での共感は難しくても、「こんな場面では同情的に振る舞うこと」というルールを学んでシンパシー（同情）を演ずることはできると思うんですよ。そうした振る舞いを繰り返すうちに、シンパシーからエンパシーが「発達」してこないとは、誰にも言えないと思っています。

あらゆる「能力」に松葉杖を

與那覇　ぼくはうつの時に「人前で順序立てて話す」といういちばん素朴な「コミュ力」がゼロになったので、リワークデイケアで回復した後はプレゼンテーションの練習をしていました。一人三〇分でパワーポイントを使って、みんなの前でプレゼンする時間があったんですね。

そこでパワポを覚えた際に思ったのは、これはすごくいい「コミュニケーションの松葉杖」であると同時に、怖いなということです。病気の前のように喋《しゃべ》りだけで聞かせるのが困難でも、切り貼りした画像で笑いをとれたりするのはすごくありがたい。反面、三章でツイッターについて議論したような、人材の「モジュール化」を加速してしまう不安も感じます。

斎藤　ちょっと意外な感想ですが、どういうことですか？

與那覇　自分の身体だけで話す場合は、当然ですが内容をすべて自分で組み立てて、しっかり理解・体得していることだけが言葉になっていきますよね。でもパワポという補助器具があると、「伝えやすいストーリーを作る人」「ビジュアルを重視してスライドに組む人」「声や容姿を活かしてプレゼンする人」が全部別の人でもいいわけです。

もちろんこれは複数の人が能力の凸凹を組み合わせられる、すごくいい環境を作ってくれている。しかし逆にいうと「自分では内容を全く理解していないプレゼンターが、ロボットのように他の人のシナリオ通り喋っているだけでも、それっぽい成果が上がってしまう」ことも起き得ます。それはコミュ力を上げるかわりに、共感力を大きく損ねませんか。

斎藤　たしかに共感力が著しく欠けていたジョブズも、プレゼンだけは神のように上手でした。パワポ抜きの講演でも彼はアップルのすべてを「自分の」所産として話して、共同創業者だったスティーヴ・ウォズニアックの功績にはまったく触れなかったりします。

與那覇　もちろんうつでコミュ力が落ちた人であれ、発達障害で他の人の立場や気持ちを想像しにくい人であれ、活躍できるツールが増えていくのはいいことです。しかし、強力なテクノロジーほど副作用も大きいかもしれない。それを考えないといけないと感じました。

斎藤　なるほど。そのときヒントになりそうなのは、先に触れた当事者研究の綾屋紗月さんが、発達障害の人は「伝達の回路を二重にすると、理解が格段に進む」という趣旨のことを書いているんです。[55] たとえば音声としての言語と手話を同時に使うと、とても話が伝わりやすくなると。身振り手振りを交えたり、パワポで図像を出すというのも、伝達回路を増やす手段でしょう。

　たとえば言葉だけで伝えるし意味が多義的になって「この人の気持ちを想像するに、本気ではなく冗談で言ってるな」といった思考が苦手な発達障害の人は、混乱してしまう。このとき「こっちのイメージで解釈してね！」という指示を、ビジュアルで出してもらえると助かるわけです。五感のうち複数の知覚が相互に補完しあって、いわばユニゾンになる。

與那覇　人の気持ちを理解してこそ正しく解釈できる、という「前提」をしっかり踏まえた上でなら、テクノロジーに助けてもらうことで結果的に共感を高めていけるわけですね。「パワポで俺はコミュ力無双！　共感はいらない」的な方向に行くのではなくて。

斎藤　ええ。また発達障害バブルを警戒してきた私も、あるとき就労支援施設のスタッフに「むしろ「若者は全員発達障害みたいなものだ」と思って対応したほうが、意外にうまくいくんです」と言われてはっとしました。日本の職場は無駄にハイコンテクストで、「あれをなにして」みたいな文脈依存的な指示や、その現場でしか使用されない隠語・符丁が多いので、発達障害の

55　綾屋紗月・熊谷晋一郎『発達障害当事者研究』医学書院、二〇〇八年。

人にはもちろん、若者全般にとって適応しづらい環境なんですね。

患者さんが「治らない病気なんで」とあきらめてしまったり、逆に「天才に多いスゴい特性」だと無責任に煽られたりした発達障害バブルの副作用は、そろそろ清算しないといけません。しかし発達障害の人が活躍できる条件を考えることが、じつは誰にとっても人生のハードルを下げることにつながるかもしれない。その両面を見ていく必要があると思います。


【この章のポイント】

発達障害は「現状以上に発達できない」という病気ではないし、診断されるかどうかも実際には程度の問題だ。限られた著名人を「それでも成功できた」と讃えるよりも、「どんな人でも生きやすくなる」ように社会のハードルを下げて、話し方・伝え方のバリエーションを増やすことを考えていこう。

第六章　人間はＡＩに追い抜かれるの？——ダメな未来像と教育の失敗

「カッコよく就労拒否したい」人のＡＩブーム

與那覇　前章では平成末期の「発達障害バブル」について再考しつつ、人間の能力をテクノロジーで補うことの両義性を議論しました。そうすると気になってくるのが、やはり平成の終わりにメディアで話題を席巻したＡＩ（Artificial Intelligence：人工知能）についてです。

総サービス産業化によって過剰に「コミュ力」が要求される社会になじめない人が、「俺はきっと発達障害なんだ。だからしかたないんだ」という形で救済を求めたことが、発達障害ブームの背景にあるとすると、その帰結が日本社会の「低文脈化」（ローコンテクスト化）ではないかと考えます。たとえば昭和の後半なら「あの戦争」と呼ぶだけでみんな太平洋戦争を指しているとわかる、つまり社会的に共有された文脈の度合いが高い（＝ハイコンテクストな）状態があった。しかしそれは平成を通じて徐々に崩れていったし、やがて育つ令和世代は普通に「どの戦争ですか？」と聞き返してくるでしょう。

低文脈化は一概に「悪いこと」ではなくて、文脈を共有していない人にも伝わるようにコミュニケートしてくれる社会の方が、発達障害の人や、海外で育って日本文化以外の背景を持っている人にも暮らしやすい面がある。[56] しかし重なる時期に玉石混交で量産された「AIがポジティブな未来を作る」論には、なじめないものが多いですね。

斎藤　じつは私は、発達障害ブームとAIブームには関連性があると思っています。発達障害や自閉症の人の考え方には、非常にAI的なところがあるんですね。

特にサヴァン症候群の人に顕著ですが、暗算や統計処理・記憶力が優れている一方で、高度な文脈を踏まえて意味や比喩を扱うことが苦手。前章の最後でお話ししたように、多義的な表現を会話の流れを汲む形では解釈できないので、「いまのは皮肉で、私の真意はこっちだよ」とピンポイントにデータとして示してもらうことが必要なんです。

後ほど詳しく見ますが、これは人工知能の特徴でもあります。そう考えると、発達障害をポジティブに語ろうとする流れと、AIを過大に評価するブームとは、同じコインの二つの側面だった気がしてくる。文化的な記号の体系や、歴史の蓄積――すなわち「社会的な文脈」を読む力のように、従来は「これが人間らしさだ。人間ならできて当然だ」と言われてきた価値基準を無効にしたい。むしろ脱人間化を目指したいとする「ポスト・ヒューマン」的な願望が、発達障害／AIバブルに共通の背景ではないでしょうか。

與那覇　同感です。ポスト・ヒューマンへの欲求がAI待望論の真因だということが、いちばんよくわかるのはAI論者が語る労働観ですね。二〇一七年秋に「希望の党」が結成されて衆院選に臨むとき、代表だった小池百合子都知事が「ＡＩからＢＩへ」というダジャレのような政策を語って失笑を買ったことがあります。

どうもルトガー・ブレグマンなる人が元はオンデマンドで出版して、邦訳も出た『隷属なき道　ＡＩとの競争に勝つベーシックインカム〔ＢＩ〕と一日三時間労働』からの流用だったらしい。ＡＩが進歩して人間の労働者を駆逐すると「まともな仕事についていれば」食べていけることを前提にした、現在の社会福祉は維持できない。だからこそ、労働していなくても一律に支給されるＢＩを導入しようという話です。

ふつうわかると思うんですけど（苦笑）、これ、ほんとうはＡＩがすごいからＢＩが必要になるんじゃなくて、どう見ても「ＢＩの必要性を説くにはどうしたらいいか？　そうだ、ＡＩには勝てないって理由にしよう！」という思考の産物ですよね。しかしそれを真に受ける日本人が続出して、小池さんのように恥ずかしいことになった（希望の党は惨敗し、現在消滅）。

斎藤　まあ、その「ふつう」が通用しないのが低文脈社会ですから（笑）。小池さんはさすが、豊洲市場への移転の経緯を聞かれて「それはＡＩだから」と迷言を吐いただけのことはあります。

一方で、四章でジブリアニメに触れたように、労働には「単にお金を得るだけではない、人生修行としての意味がある」とする人間観には、ブラック企業に通じる息苦しさが伴っているのも

56　低文脈化とグローバル化の関係については、與那覇潤『日本人はなぜ存在するか』（集英社文庫、二〇一八年）の序章も参照されたい。

事実だと思うんですよ。それに違和感を覚える人たちが「修行したってＡＩには勝てないんだから、さっさとＢＩを配ってくれよ！」という議論を支持したのはよくわかります。

與那覇　そこでも議論しましたが、日本では「ぶっちゃけ、もう働きたくない」と表立って言いにくい風土がありますよね。そんなやつは「人間失格」「負け組」だ、と烙印を押されそうで。だから海外のＴＥＤパフォーマーとか、お金持ちの堀江貴文さんとか、アーティストと実業家と大学教員を兼ねている落合陽一さんのような「成功者」っぽい人に、ＡＩ時代が来るからいまある仕事なんて意味ないよ、って言ってもらいたかったんだと思うんです、みんな。

そうした「カッコよく『仕事は無意味だ』と言いたい」人たちが支えるＡＩブームを終焉させたのは、二〇一八年の頭に出た新井紀子さん（数理論理学）の『ＡＩ vs. 教科書が読めない子どもたち』でした。同書にも「ＡＩが仕事を奪う」的なトーンは残っていますが、しかし既存のＡＩ論はあきらかに誇大な宣伝を行っており、人工知能の思考法には本質的な限界があって人間には追いつきえないことを（後述）、「様々なＡＩ技術を駆使して、ロボットが東大に合格できるかを問う」プロジェクトを率いた体験から説得的に論じました。

斎藤　新井さんの本はＡＩバブルに思いきり冷や水を浴びせて、以降はメディアの論調もだいぶ慎重になりましたね。また「勝ち組ほどＡＩを煽る」現象には気持ち悪さもあって、既存の人間観の克服をうたいつつ「そんなすごいＡＩを作れる俺らスゲー」という万能感に浸るのは、ちょっといびつだと思うんですよ。結局「機能する優秀な人間」を賛美しているわけですから。

シンギュラリティを信じる「小保方《おぼかた》さん」予備軍

與那覇　ＡＩブーム華やかなりし頃のバズワードが「シンギュラリティ」（技術的特異点）で、いま人工知能はどんどん優秀になっているから、二〇四五年には人間を追い抜くんだと。なんでその年なんですかと聞いても、そこでグラフが交わるからだみたいな怪しい図表しか出てこないんですけど（笑）、とにかくそういう話が流行しました。

ぼくはそんな風潮を見て、ああ、ついに日本の知的世界も来るところまで来ちゃったなと感じました。二〇一四年にＳＴＡＰ細胞事件[57]が起きて、あれだけ世界的な問題になったにもかかわらず、この国の有識者はどこまでも「小保方さん」を甘やかし続けるんだなと。

斎藤　えっ、小保方晴子さんですか？　この文脈で出てくるには意外な名前ですが……。

與那覇　新井さんの本によると、ＡＩが人間に追いつけない最大の理由は「意味を理解できないから」ですよね。人工知能に機械学習をさせると、たとえばリンゴの写真をインプットして「これはなに？」と尋ねたら、「リンゴです」と答えるようにはなる。

でもそれは「リンゴとはそもそもなにか（寒冷地に育つ果物で、家庭のおやつの定番で、調理して

57　「万能細胞を発見した」として世界的な一流誌に掲載が決まっていた理化学研究所勤務の女性の研究が、実際には切り貼りされたデータに基づく無根拠なものだったと判明した事件。論文は取り下げられ、研究チーム内から自殺者も出したが、小保方本人はいまも自説を撤回していない。

パイにもする……）」を理解して回答しているのではなく、単に「これまで大量に読みこまされた、「リンゴ」というタグのついている、赤っぽくて丸っぽい画像パターン」に似ているから、リンゴと答えるだけである。つまり「そう答えたら、統計的にいって当たりになりそうな文字列」をアウトプットしているだけで、回答の内容を〝わかっている〟わけではないと。

これって、まさに小保方さんがやっていたことだと思うんです。彼女は写真やグラフの「切り貼り」を論文だと自称していたわけですが、それができちゃうのは自分の研究の意味を、自分でわかっていないからでしょう。「こういうデータを出せば周りの人は喜ぶ確率が高いな」という思考法で、じゃあ実験の結果自体を加工しちゃいましょうよと。内容を理解していなくても、外見上「正解だと言ってもらえる」パターンが続くかぎり、それが研究なんだと心底信じていた。

斎藤　うーん、なるほど。彼女の不祥事については「自己愛の強さが生んだのでは」といった分析をする人が目立ちましたが、認知の面に課題があったと。

ただ最後までわからないのは、小学生の観察日記のようで理系の人が見れば全員ひっくり返る「実験ノート」を、自分で公開してしまったことです。周囲の反応を予測して行動するなら、それこそコピペでもなんでもして、それっぽいノートを創作しそうなものですが……。しかしそこも含めて、「肝心なところで意味を読み間違う」のがＡＩっぽいとは言えるかもしれません。

與那覇　彼女はやったことが大きすぎたから叩かれただけで、大学教員として「プチ小保方さん」には大量に出会いました。「これを入れておけば、先生がほめてくれそうな用語・要素」をレポートや卒論に盛り込んで卒業していくけど、教室や口頭試問で対話するとあきらかに本人が含意を理解できていない。ところがそれを「すごいだろう。うちのゼミの学生は××を読んでいるんだ！」とちやほやする教師がいるわけです。

そうした経験から振り返ると、目下の日本では「ＡＩが人間に近づいている」のではなく「人間がＡＩに近づいている」ように思えてきます。あたかもＡＩのように、自分の行為の意味なんか考えずに「統計上、やったらほめられそうなこと」を繰り返し続けるのが、いちばん効率のいいライフハック（処世術）なんだと。だから、ＡＩ論壇と自己啓発本とが結びつく。

斎藤　「意味を理解しないままで情報を処理する」という、新井さんが指摘するＡＩの特徴が、むしろ人間において発現しはじめていると見るわけですか。そう考えると、いま変化しつつあるのはテクノロジーではなく、人間自身のほうだとも思えます。実際に新井さんもＡＩ自体より、まるでＡＩのようにしか教科書を読めない中高生を危惧していますね（後述）。

與那覇　いわば逆シンギュラリティこそが迫りつつあって、「人間がＡＩに追いつく」。本当はどういう意味かを問わずに、「とりあえずこう言っておけば評価される」ことを唱えるだけの人ほど出世していく状況は、いろんな職場で起きていると思いますよ。「中身はわからないけど、とにかくこのパワポでプレゼンすれば業績が上がる」といった働き方は典型です（前章）。そちらのほうが「ＡＩがもたらす失業」などよりも、はるかに脅威ではないでしょうか。

AIの限界は「身体がないこと」

斎藤　それは重要な問題で、自己啓発的なAI本は「仕事を失わないために」ハイスペックな人材になれと主張しますが、むしろ「自分がAIになってしまわないために」こそ、人間らしい価値とはそもそもなにかを、もう一度考える必要がありますね。AIが人間のどこをコピーできないかを検討するのは、その上で有効な手法です。

「AIは意味を理解できない」という命題を言いなおすと、「シンボル・グラウンディング問題」になります。要するにAIは、記号が現実とどういう関係を持つかを認識できない。

與那覇　ぼくの世代くらいまでは小学校で、三重苦（＝視聴覚がなく発声できない）のヘレン・ケラーがサリバン先生に言葉を教わる話を習ったと思うんです。W－A－T－E－Rという記号を腕に指で綴られるだけだと、なんのことかわからないけど、水を同じ場所にかけてもらって「あっ！　これだ」とわかる感動的なシーンがある。それがAIにはできないということですか。

斎藤　ええ。ゲームデザイナーの三宅陽一郎さんは、AIの限界は「身体を持っていない」点にあると言っています。私の考えでは、それが人工知能では「比喩表現」を扱えない理由なんです。焚火《たきび》の写真を大量に機械学習させて「炎」だと認識させることはできても、それを「人の内面にある情熱の喩え」に応用することができない。

　人間が使う比喩は、炎を見て熱さを感じたときの印象を「俺の心の中にも熱いものがある」として転用していくように、身体性に依拠するところが大きい。いわゆる共感覚[58]みたいなものですね。囲碁や将棋のような純粋に数学的なパターン処理で解決できる分野では、ＡＩのほうが人間より強いけど、自動生成のプログラムだけで「人間を感動させる物語を書く」ことがおそらく不可能なのは、ＡＩは身体感覚を持たないからです。前衛小説とか、俳句辺りまではいい線いくらしいですが。

與那覇　「人工知能では意味を扱えない」という批判を踏まえて書かれているＡＩ論に、落合陽一さんの『デジタルネイチャー』があります。要するにＡＩは意味を理解しないからこそ、人間が無意識に囚われている概念の連関をリセットしてすごいことができるんだ、という趣旨です。アーティストは同じ物や風景を見たときでも、「普通の人が感じるのとはまったく違う意味」を見出して表現しますが、ＡＩも似た効果を発揮できるはずだと。

ただこれは批判に〝応えて〟はいなくて、むしろすれ違いですよね。ＡＩの思考回路は人間と違いますよと言われて、「そこがいいんじゃないですか」と。もちろん芸術的な創作のヒントにはなりそうですが、ふつうの人の暮らしにはあまり関係ない。

斎藤　たしかにルービックキューブをＡＩに解かせると、ものの数秒で解いてしまうわけですが、その解法はメカニカル過ぎて、人間には理解も実践もできないと聞いたことがあります。そうした「わけのわからなさ」を創作者や鑑賞者が解釈で補完できる表現の分野では、ＡＩにもそれな

58　厳密には「音が色として「見える」」といった、一部の人のみが有する五感の垣根を越えた特殊な感受性を指す。ここではもう少しゆるく、身体感覚に基づく印象を通じて「ことばと意味」を結びつけること。

りのことはできるかもしれません。

一方で、日常生活で接するＡＩには弱点が多く、ＪＲの切符発券を統括するコンピュータシステム「マルス」はものすごく優秀で正確ですが、新幹線の改札口で乗車券の取り忘れを予防するといった単純なことができていない。だからいまだに、駅員が改札に立って注意喚起している。

機械翻訳もずいぶん進歩しましたが、それでも Google 翻訳に「瓜二つ」と入れると「Two melons」となってしまう。おおむね実用に堪える機械翻訳ですらこれですから、ＡＩブームと言っても、ビジョンと現実が釣りあわないアンバランスな状況が当分続きそうです。

現役世代の「自己卑下」と若者の「成熟拒否」

與那覇　ちょっと人と違うだけで「アスペ認定」する発達障害バブルと同様、人工知能が人間に追いついて社会を変えるといったＡＩ言説もバブルだったわけですが、そうした現象がなぜ起きたのか。ぼくは人間性に対する「自己卑下」の高まりが、背景にある気がします。
たとえば小保方晴子さんのような人を「人間」のモデルにすれば、「あれならＡＩでも全然コピーできますよ」ということになる。人間の頭脳や可能性なんて小保方さん程度だと、そうやって自分を卑下していれば、シンギュラリティも来ますよねということです。
斎藤　いや、小保方さんとＡＩの類似性を指摘したのは與那覇さんが最初だから、ブームに乗った人たちはそう考えていなかったと思いますよ（苦笑）。

與那覇　それはそうなんですが、四章で議論した「成熟の困難」を言い換えると、「これが人間的な価値であり、それを身につけるのは素晴らしいことだ」といった信仰が、社会的に成り立たなくなっていると思うのです。たとえばアベノミクスの実績はほぼ、人口動態上の変化で「新卒が正社員になりやすくなった」だけのことですが（二章）、しかしいま正社員になったところで充実感がないわけでしょう。昔のような経済大国ではないですから。

一方で非正規雇用だと、日本の正社員優先の給与体系の下では「結婚して、子どもを自分以上の学歴に育てて、最後は家を買って……」的な、かつて人間らしい成熟だとされてきたライフコースを送れない。結果として「人間らしい幸せとは」的な言い方がうさんくさく感じられるようになり、正反対の「人間なんてＡＩに抜かれる」「いまの仕事に満足してるヤツはバカ。シンギュラリティが来て失業」といった論調がウケたのではないでしょうか。

斎藤　たしかに「成熟拒否」の傾向はあると思います。いまの若い人たちに接して強く感じるのは、彼らが経済社会的なレベルでも、人間性のよりよい向上というレベルにおいても、成長や成熟というものをまったく信じていないことなんです。

最近、若い人が好んで引用するのが、元プロ野球選手のイチローの「努力も才能のうち」という言葉です。彼らの解釈では「努力は、それを可能にする才能を持った特別な人間だけができること。自分にはそんな特別な才能はないので、努力しません」ということらしいんですが……。

與那覇　それ、どう考えてもイチローの真意と逆ですよね（笑）。

斎藤　とにかく彼らは「伸びしろ」なんて言われてもピンと来ないし、成熟のイメージそのものを持っていない。もちろん、そうは言いながらも年を重ねて変化していくわけですが、「いま自分が持っている能力がすべて」「これ以上1ミリも伸びない」という思い込みが、よりよい成長を阻害してはいないかと本気で心配しています。

ある種のAI言説は、AIがどんどん賢くなって「人間が未熟なままでも機能する社会を作ってくれる」と説いていますね。そう言われてほっとしたというか、読者を「もうそれでいいや」という気持ちにさせた面はあると思います。

與那覇　あくまでも比喩として言うのですが、若年層を中心に一種の「うつ」のような症状が広がっているのではないですか。ぼく自身も体験しましたが、うつ状態の只中《ただなか》では「ゆっくり休めば治ります。能力だって回復しますよ」と言われたところで信じられない。それと似た感じで、「自分の才能はここまで。これ以上は絶対に成長しない」と思い込んでしまっていると。

四章では、成熟や回復には「適度なあきらめ」が必要だという議論をしましたよね。しかし「どうせAIには勝てないから、なにをやってもムダ」というのは、あきらかに過剰なあきらめで、うつの最中に生じる妄想に近い。

斎藤　以前『「社会的うつ病」の治し方』にも書いたように、どこまでが普通の発想でどこからが病的な思考かの基準は、社会的な要因によって変化します。だから年長世代の視点には「うつ的」と見える考え方が、いまの若い世代の文脈ではごく普通ということは起きえますね。

ただ一章でも述べた通り、若者たちは将来に対しては不安でも、現状には満足して幸福だと感じているので、そこがうつ病とは違うところです。私にはこのギャップが不思議なのですが……。

與那覇　少し我田引水かなとは思うのですが、ぼくがその背景に見出すのは「歴史の衰弱」と「理系偏重」です。「昔はああだったのに」という喪失感がなく、「最初からこうだった」と思えるなら、不安はあっても主観的なメランコリー（憂鬱）には転化しない。だからこそ「生まれたときから」自分はこの状態で、改善の余地はないとする信仰を維持するために、（疑似）脳科学のような「客観的」っぽい語り口へ依存してゆくと。

ポストモダンと「反人間主義」の罠

與那覇　学者時代の自分をふり返ったとき、いちばん反省していることなのですが、哲学の用語で「反人間主義」ってありますよね。人間には価値がないという意味ではなく、「これこそが人間らしさであり、それは素晴らしいものだ」という言挙げをして、あらゆる人に押しつけようとする発想は、全体主義的な抑圧につながるから避けようとする姿勢を指します。

斎藤　教科書的におさらいすると、第二次大戦後の現代思想は「実存主義」[59]から始まりました。これは旧来の常識や社会的な虚飾を取り払って「それでも残る人間らしい価値とはなにか」を問い詰めてゆくものなので、その意味で人間主義的でした。

59　代表的な思想家はサルトルや、初期のメルロ＝ポンティ。日本では、敗戦直後に流行した坂口安吾や太宰治など「無頼派」の文学も、広い意味で実存主義的と呼ばれることがある。

反人間主義の哲学とは、その後出てきた「構造主義」や「ポスト構造主義」ですね。人間を捉えるときに、その意識的・主体的な側面を中心に据える考え方をやめて、無意識や社会関係に潜在している関係性の構造のほうが、行動のありようを決定づけていると考える。レヴィ＝ストロースの婚姻体系の研究が代表的ですが、私がよく引用するジャック・ラカン[60]は、フロイトの精神分析をソシュール言語学の観点から構造主義的に読み替え、独自の思想を展開しました。

たとえばフロイトが〝発見〟した無意識を、象徴界（＝言語システム）という「大文字の他者」と位置づけて、人間は主体的に語っているように見えて、大文字の他者によって語らされているという「構造」を指摘してみせた。そういう「構造による支配」をも乗り越える道を模索したのが、ポスト構造主義と呼ばれたドゥルーズ＝ガタリ（終章参照）たちになります。

こうした思想史の中では、AIは人間と違って「意味という枠組み」を無視できる点に価値があるとする落合陽一さんの議論を、「コンピュータのネットワークに実装された構造主義」と見ることもできそうですね。「人間」を、機能単位のモジュールに分解できると考える点で。

與那覇　じつは、歴史叙述は「反人間主義」でないといけないというのが、学者だったころのぼくの信念だったんです。理由はいろいろありますけど、ひとことで言えば人間主義で歴史を書いちゃうと「英雄史観」になるんですね。伊藤博文はすごかった、吉田茂が戦後日本を作った、田中角栄こそ大政治家だった、それに比べてアベガー、みたいな（苦笑）。

斎藤　たしかにそういう感じの人はいますね（笑）。学問的な批判なのか、個人攻撃なのかはっきりしない。私も物語やイデオロギーを志向しすぎる歴史学には違和感があって、構造主義とは言わないまでも、なんらかの非人称的なプロセスを想定してくれたほうが説得力を感じます。

與那覇　しかしいまふり返ると、そうしたぼくの態度はいちばんの堕落形態だけを見て、人間主義を否定していたようにも思うんです。ＡＩバブルが如実に示したように、人間主義が堕落するなら、同様に反人間主義だって堕落するわけですから。

たとえばいま「ＡＩやＩＴに代表されるプラットフォームだけを、エリートがしっかり作り込めばいい。それを使う普通の人たちは、無知・無学のままでかまわない」みたいな議論があっけらかんとなされますね。そうした発想があるから「なんで俺が成熟しなきゃいけないんですか。未熟なままでも生きてける環境を整備してくださいよ」という風潮も生まれるわけです。たしかにそれも反人間主義だけど、ちょっといいものだとは思えなくなった。

構造主義とポスト構造主義をあわせて、一般には「ポストモダン」の思想と呼ぶわけですけど、彼らは「人間主義による抑圧」を批判したのであって、人間は何もしないでいい、バカなままで構造に従っていればいいと言ったわけではないですよね。

斎藤　もちろんです。ラカンで言えば、彼は構造主義的な倫理観として「欲望において譲歩するな」と言いました。これは私なりに翻案すると「安い幻想に騙されて、欲望がかなったと勘違い

60　精神分析家（一九〇一〜八一年）。「人間の無意識は言語のように構造化されている」とする観点から、人がいかに現実そのものではなく、言語の体系（象徴界）を通じて組織化された「意味の世界」の内に生きているかを描き出した。一方で、そうした生のあり方に人が違和感を覚え、見直して再調整する可能性（想像界）を認めていた点では、構造からの逸脱がありうることを強調する「ポスト構造主義」の先駆という側面もある。

してはいけない」となります。今日に応用するなら三章で見たような、「オンラインサロンに参加しただけで満足する人々」への痛烈な批判でもありますね。

私が『心理学化する社会』で引用した例ですが、二〇〇〇年代の前半に東浩紀さんが「環境管理型権力」という問題提起をしました。「飲食店では席を譲りあいましょう」とお説教して、人間の道徳心に訴えかけて秩序を作るよりも、椅子の硬さを調整して「自然とお尻が痛くなってきて長く座っていられない」ような環境を整備した方が、手っ取り早く人間を管理できてしまう。社会学者のジョージ・リッツァが『マクドナルド化する社会』で指摘した事例で、正直、どこまでマックの経営者が狙ってやっていたのかはわからないのですが。

與那覇　反人間主義は「人間らしくあれ!」と要求してこない分、暑苦しくはないんですけど、より巧妙に人を支配してしまうところがある。平成末期のAI論壇では、そうした環境管理への警戒が消え去って「だって便利じゃん。主観的にも幸せじゃん」という感じになりました。

ぼくの見方では、転機は二〇一一年の震災です。あのとき人間主義派がみんな脱原発デモに走っていく一方で、反人間主義の側は「ゲーミフィケーション[61]で楽しく節電しようよ」とする立場をとった。結果として、お説教臭さに疲れてみんな人間主義から離脱していく半面、反人間主義も批判性を失った「楽しさ優先主義」に傾いていったような。

斎藤　最近は反人間主義的に人をコントロールする手法を、行動経済学の用語で「ナッジ(nudge)」と呼ぶのが流行っています。肘《ひじ》で軽くつついて相手を促すように、小さな環境調整で人々の行動を誘導するしかけですが、この手の議論で見落とされがちなのは「AかBかで迷っている人」をつついてAに誘導することはできても、「Bをしようと決意している人」にAをさせることはできないということです。

かつてのソ連で精神医学が権力と結びつき、共産主義になびかない人に「怠慢分裂病」という診断名をつけて強制入院させたことがあります。でもそうした非人道的な行為の結果わかったのは、どんなに薬や電気ショック治療を乱用しても、「思想までは変えられない」ことだったんです。脳に物理的な刺激で直接働きかけて、体制に都合のよい人間を作ることはできなかった。人を洗脳するには、いまだに「人力」じゃないと無理なんですよね。

インターネットを始めとしたＩＴの進展が目覚ましかったために、テクノロジーで人間主義をスキップできるという期待が生まれたのはわかるのですが、それが「万能論」になってしまうのはやはり安易だという気がします。

平成にも令和にも破綻した「子ども万能論」

與那覇　ずばり伺《うかが》いますが、技術万能論と癒着した反人間主義に対して改善案を出す動きは、生みの親であるポストモダン思想の内部にあるのでしょうか。

61　なんらかの社会的なミッション（たとえば節電）をゲーム形式に加工することで、使命感ではなく「プレイする楽しさ」で人々を動員していこうとする発想。おもにデジタルゲームに関して使われることが多い。

斎藤　それはむずかしいですね。ポストモダンの反人間主義は「人間と社会の関係は結局こうなっている」といった描写はうまいのですが、「じゃあどうするんだ」という積極的な指針を作るのには向かないんです。先ほど紹介したラカンの理論にしても、人間が行動する原理を抽象的にモデル化する上では役に立ちますが、正直、臨床（治療）にはほぼ応用できません。

精神医療の現場でも、結局実用性が高いのは、昔ながらの人間主義なんですね。オープンダイアローグや依存症に対するハームリダクション[62]が注目されているのも、「統合的存在としての人間」を前提にしないと、治療が成立しないからだと思います。

與那覇　たしかに、ぼくも入院病棟やリワークデイケアで似た病気を抱える多くの人と交流するうちに、「あ、そうか。こういう風に考えて／生きてもいいのか」という新しい人間像が徐々に作られ、それが回復に結びついた実感があります。一方的に画一的な「正しい人間」のイメージに当てはめるのとは異なる、修正版の人間主義といえるかもしれません。

ポストモダンの反人間主義の頂点であるフーコー[63]は『言葉と物』で、「人間はすべからくこうだ」といった考え方は遠からず放棄され、人間という概念は無意味になって消えてなくなると断じました。しかし年とともに心境が変化したのか、晩年の『性の歴史』などではむしろ、人と人との「ありうべき関係とは」というテーマを再考しようとしていたと言われます。

斎藤　おっしゃるとおりで、人間を中心に思考するのが悪いというより、人間主義は「全員がこうでなくてはいけない」「それに反するものは非人間的であり、排除すべきだ」といった価値規範と結びつくところに問題があるんです（二章参照）。そういう尊大な圧力の煩《わずら》わしさが嫌われて、むしろ技術を中心に考えよう、ビッグデータで最適なマッチングができれば「人間とはなにか」なんて気にしないでいい、という気分を反映したのがＡＩブームでした。

こうした「人間にかかる負荷を最小化できるところ」にテクノロジーの可能性を見る視点を、平成の日本で展開した先駆者は、先に言及した東浩紀さんですね。彼がオタクの行動様式として肯定した「データベース消費」の概念や、『一般意志２・０』などの著作は、人間の欲望や意思決定を「ある人の主体性」というよりも、匿名的で断片化した諸モジュールの作動の総合として捉える試みでした。佐々木敦さんが「一人勝ち」と表現したように、東さんの影響は思想界を中心に今も絶大です。大澤聡さんの『批評メディア論』のように、そうした視点から（文学者の「創造性」を軸に書かれがちだった）批評史を解体してみせた興味深い本もあります。

ただその東さんが震災後の復興プランとして立案した、人間主義（＝道徳的なお説教）抜きで工学的に人を動員する「福島第一原発観光地化計画」は、うまくいかなかった。そしてやがて本人も、非人称的な欲望が離散集合する空間として愛用してきたツイッターから、アカウントを一時削除するに至ります（二〇一九年）。近年はＳＮＳで人格攻撃を浴びることが多く、ぼくは友人と

62　依存の対象自体をやめさせることにはこだわらず、生じている健康・社会・経済上の悪影響を減少させることを主たる目的とするプログラムや実践を指す。たとえば、毒性の強いドラッグを弱いドラッグに置き換えさせる、など。
63　哲学者・歴史家（一九二六～八四年）。医学史・思想史・表象文化史などを横断して、規範的な「人間」というカテゴリーが近代初期の西洋でいかに形成され、人々の生活を支配する権力のあり方を変容させてきたかを探究した。
64　佐々木敦『ニッポンの思想』講談社現代新書、二〇〇九年。

してはらはらしていたので撤退は正解だったと思いますが、「人間主義を最小限にして技術的な調整に賭ける」路線の限界を、身をもって示したようにも感じています。

しかしテクノロジー頼みでは限界があるとしても、果たして「価値規範抜きの人間主義」というものがありえるのか。これは難しいですが、考える価値のあるテーマですね。

與那覇　ぼくが従事していた大学の人文教育が混乱しているのは、ちょうど東さんとは逆に、いまだに「人間かくあるべし」だけで押し切れるとする発想が闊歩《かっぽ》しているからですね。たとえば「人間たるもの過去をふり返り、歴史的な存在として生きるのが当たり前だ」という価値観が有効であれば、歴史学の意義を主張するのは簡単です。しかし、そんなものはもうない（のに、歴史学者や歴史の教育者たちは気づいていない）。

学部生のとき唖然としたのですが、文学部の日本史専修の授業をかじってメーリングリストに入れてもらったら、勉強会の案内に「最初は意味がわからずつまらないと思うでしょうが、参加するうちにわかってくるはずです」みたいなことが書いてあった（笑）。四章で議論した体育会系のしごきと一緒で、自分たちの規範を他者に伝わるよう説明する気が一切なく、「黙って修行しろ。それが人間への道だ」というわけです。そりゃ没落しますよね（苦笑）。

斎藤　日本でポストモダンが流行したのは一九八〇年代で、思想家の浅田彰さんが「スキゾ・キッズになって、パラノイアック（偏執狂的）な既成の社会秩序から逃走せよ」と主張し、当時の学生世代に支持されました。これは統合失調症の原語であるスキゾフレニアから採ったもので、「スキゾとパラノ」という対立軸は精神医学的には不正確なのですが、病気をメタファーにすることで「人間主義の規範なんか無視していい」と唱えたわけです。しかしその浅田さん自身が二〇〇〇年代以降は、確信的に「やはり近代からやり直して、きちんと成熟しよう」と方向転換します。

前章で見たとおり、平成の末期から発達障害をモデルに「人と違うのは奇才の証だ。「ふつう」に合わせる必要はない」とするムードが高まり、堀江貴文さんや落合陽一さんの自己啓発本が若い人によく読まれています。しかし私の世代から見ると、両者のあいだになにか進歩があったのか、正直わからないんですよ。昭和には「成熟」の存在を前提とした上で、それに反発していたけど、いまは単にスルーしているだけのような気もします。

與那覇　浅田さんも堀江さんも、表現として「子どものままでいいんだ」と書くわけですけど、次の元号に入った途端につまずいている点も共通です。平成の頭には宮崎勤事件[65]があり、令和は「ひきこもり殺人」とともに開けましたから。

落合さんは「ＢＩが支給されれば、人間として成熟しなくてもバーチャル・リアリティの世界で楽しく暮らせる」みたいに書いていたけど、そんなことないことは元農水次官の一件[66]ではっきりしました。それを踏まえて、どう社会の舵《かじ》を切りなおすかが問われています。

65　一九八八～八九年に四人の幼女が誘拐・殺害された事件。犯人が逮捕された際、生業につかず実家の離れに大量の録画ビデオに囲まれて暮らしていた経歴が注目され、オタク・バッシングにつながった。

66　退官していた高級官僚が二〇一九年六月に、自宅でひきこもっていた長男を刺殺した事件。長男はネットゲームのヘビーユーザーとして著名だったが、承認欲求は満たされず激しい家庭内暴力を振るっていたとされる。

「もう文学教育なんていらない」のか

與那覇　結局私たちは人間主義との縁を切れないようですが、そこで必然的に出てくるのが教育の問題です。教育とは定義上、人を「あるべき姿」へと導く試みですから。

ところがこれがいま、大変残念なことになっています。『ＡＩ vs. 教科書が読めない子どもたち』が話題を呼んだのはＡＩ言説への批判に留まらず、教科書を「ＡＩのようにしか読んでいない」生徒が大量にいるというデータを示したからでした。要は「ペリー」という用語が設問文にあったら、「日米和親条約」だと答えればだいたい当たるからそうするけど、実は両者の関係がどんなものか理解していない。日本の中等教育は、そういう悲惨な状況にあるわけです。

だから著者の新井紀子さんはプログラミング教育以前に、しっかり論理的な読解力と思考法を国語教育で鍛《きた》えるべきだと主張していて、もちろんぼくも大賛成です。わからないのは、それに便乗して「なぜ論理教育が軽視されてきたのか？　国語の中身が文学鑑賞に偏っていたからだ。文学作品を教材から外せ！」みたいな変な動きをする人がいて……。

斎藤　論理的な読解力の重視が、文学鑑賞の軽視につながるのは心配です。落合さんの「ＡＩはアートだ」路線とは、ちょうど正反対の極端に偏ってしまっているような。

與那覇　情けないのは、これにきちんと反論できない人文系の識者です。「日本文化の伝統が廃れる」「文学なしの人生は味気ない」みたいなことしか言えない。どうして「意味を理解する能力こそが、ＡＩにはない人間の強みだろう。文学作品の読解こそが「意味」を扱う力を育てるんだ」とはっきり言えないのか。

ここでいう意味とは、「ニュアンス」と言い換えた方がわかりやすいかもしれません。小説の文章では直接「愛はすばらしい」とは書かない。文字面には一切書いてないけど、行間から湧きあがるニュアンスで「ああ、人を愛するって大切だなあ」と伝えるのが、文学の表現ですが、そういうコミュニケーションのチャンネルを潰したら、大変まずいことが起きるのはあきらかです。

斎藤　同感ですね。人文学の存在意義は、「意味」と「価値」を根拠づけることだと私も考えています。どちらも科学というOSでは扱えない。

価値を科学的に根拠づけよう――つまり「道徳的に望ましい営みには、すべて自然科学的な背景があるんだ」と強弁しようとすると、『水からの伝言』やEM菌のように、必ずトンデモ化してしまう。疑似脳科学（四章参照）や一部のエコロジーにもそういうところがありますし、近藤誠さんの「がんとは戦わない」や反ワクチン運動のような、内実は主観的な人生論にすぎない疑似医学が、実際に被害者を出しています。

価値を論理的につきつめると、必ず無根拠（＝絶対に誰もがそうだ、とは主張できないという限界）にゆきあたりますが、その無根拠さを適切に扱えるのは人文学、とりわけ文学しかないと思うんですよ。生きる上で欠かせない合理が「文明（科学、工学）」なら、生きる上で欠かせない〝非合理〟が「文化（宗教、文学）」というのが私の持論ですから。與那覇さんのおっしゃる「ニュアンス」も、非合理の一種ですね。

與那覇　論理や合理性だけで相手に伝える仕方はわかりやすい分、違う論理を掲げる人と必ず衝突してしまう。人間が社会を維持するには、ニュアンスという媒体を噛《か》ませないとダメなんです。

典型は一章でも触れた、歴史認識問題ですね。「慰安婦の前に〝従軍〟をつけますか?」「〝侵略〟や〝謝罪〟の語は入ってますか?」のように、AIでもチェックできるやり方で内容を判定していたら、どんな文面を書いても「その言い方は認められん」という壁にぶち当たる。そうではなく談話を発表する総理大臣の表情や所作といった身体性の次元も含めて、ニュアンスの形で「追悼と反省の念を伝える」ことで、なんとか互いにコミュニケーションできている。

斎藤　仮に政治家がロジカル・シンキングに強く、情報処理がAI並みに得意だったとしても、最後は「文面それ自体には書かれない形で伝える」文学的な技量がものを言うわけですね。

私がつねづね宣伝しているオープンダイアローグにも、そういう性格があります。臨床現場のコミュニケーションでは、結論ではなく、むしろプロセスが大事になる。医師が一方的に「こういう風に考えなさい」と指示するのと、当事者自身が対話を通じて「こう思うようになりました」という状態に達するのとでは、治療上の効果がまったく違うんです。

與那覇　政治家や医者でない人でも、同じだと思います。たとえば職場で部下を叱るときや、不祥事があって記者会見するときに、論理だけで「お前の失敗で何千万円の損失だ」「悪いのはやった本人です。私は知りませんでした」などと言ったら、大変なことになりますよ（次章参照）。ハラスメントで訴えられたり、炎上で会社がつぶれるかもしれない。「ファクトとしては正しいじゃないか」なんて言っても、それこそAIくらいしか耳を貸しません（笑）。

多様な「人間性」と共にある医療へ

與那覇　かつての教養主義のように「これが全人類に共通の必読書だ。読め！」といった文学教育はもう要りませんが、「発し手と受け手とのあいだに、一定の齟齬《そご》を許容するコミュニケーション」としての文学の素養を育てることは、人間のＡＩ化を食い止めるためにもむしろ必要である。そのあたりに、価値規範なき人間主義のヒントはありませんか。

斎藤　たしかに。これまた精神科の治療に引きつけて考えると、近代医療的な「根治主義」をどう克服するかという問題になります。疾患を根治させて発病前と「完全に同じ」状態に戻すことが治療だとする考え方は、暗黙に健常者こそが「十全な人間」であり、全員がそれを目指さねばならないとする規範に従っているわけです。

與那覇　それはまさに、ぼくも回復の過程で痛感したことでした。「完全に同じ」に戻るんだ！と考えてしまうと、まだまだ治らないとして強い薬を飲みまくるとか、この医者だからダメなんだと思って転院を繰り返すなどして、かえって治らなくなってしまいますよね。

もちろん「どうせ俺は病気なんだ。前より劣った人間だ」みたいに諦めきってもいけないのですが、無理をして「治しきる」必要はない。前と違った状態でも、同じかそれ以上に楽しい生き方が見つかればそれでいい。まさに他の患者さんたちとのダイアローグ（対話）を通じて、そうした境地にたどり着けたことで、回復できたのかなと思っています。

斎藤　近年の精神医学では、リカバリー・モデル[67]やレジリエンス[68]の考え方がそうした動向に則しています。しかし統合失調症研究におけるアームス（ARMS：At Risk Mental State）のように、「病気の徴候を超早期に発見して、発病前から薬を飲ませて抑止しよう」とする正反対の潮流もある。健康診断で内科の病気を見つけて先手を打つのと同じだというわけですが、患者さんにスティグマを与えて追い込んでしまう副作用をまったく考えていない、危険な発想です。

與那覇 それは怖い。まさしくＡＩ的思考というほかはありません。「ある時点でのデータ」をもとに統計処理をして、「正解である可能性がいちばん高い選択肢」に飛びつき、結果として対話相手とのあいだに生じる相互作用は視野に入れないし、指摘されても無視すると。

すべてを人間に合わせよとする既存の人間主義にも問題はあったけど、「あらゆることをＡＩ基準で判断せよ」といった発想はもっと危うい。それをしっかり確認しておきたいですね。

斎藤 心の問題を生物学的に扱おうとする試みは先が見えてきていて、製薬会社も向精神薬の分野からは撤退しつつあるようです。前章でも述べたとおり、精神科で行われる診断には多分に「程度問題」という側面があるので、恣意的に「お前なんか病気だ」とラベルを貼ってしまい、それが科学的なデータとしてひとり歩きする危険性には、敏感でないといけません。

その弊を矯《た》めるうえでは、精神分析の「遺産」（とあえて言いますが）である、治療における関係性を重視することや、病気の一般性よりも、それぞれの患者さんの個別性を重視する姿勢が大事だと思います。二章で紹介した表現では「ＮＢＭ：物語に基づく医療」ですが、精神医療に限らずこうした姿勢を大切にしてほしいと思います。

価値規範なき人間主義のありようを、オープンダイアローグやハームリダクションから探る場合、鍵になるのは「個人と関係の尊重」かもしれません。一章で議論した「同意なき共感」や「条件なしの承認」に通ずる姿勢ですね。個人そのものには価値づけせず、ただ無条件に尊重し、関わりを持つこと。関わり方の具体的な内実はいったんカッコに入れる点で、一種のメタ的な価値判断になるわけですが、こうした迂回策の意義も終章で、じっくり議論しましょう。

【この章のポイント】
ＡＩ万能論は、すでに何度も破綻してきた「極端な反人間主義」の一例にすぎない。安易にテクノロジーに依存せず、しかしあらゆる人に画一的な人間像を押しつけるのでもない、多様性と共存できる人間主義のあり方のヒントは、人文学や医療の現場にたくさんあるはずだ。

67　リカバリーとは、具体的には生活や仕事、学ぶこと、そして地域社会に参加できるようになる過程のこと。近年では転じて、障害があっても充実し、生産的な生活を送ることができる能力を指して用いる。
68　強いストレスにさらされた場合に、その環境にうまく適応する能力やその過程を指す概念。医学的には「抗病力」などと訳されることもある。回復力や自然治癒力なども、その一部として位置づけられる。

第七章　不快にさせたらセクハラなの？——息苦しくない公正さを

ループするセクハラ論争

與那覇　前章では浅田彰とホリエモンの類似に触れて、「ある時代の最後に「成熟拒否」の思想が流行る→次の時代の最初に事件が起きて否定される」という現象が繰り返されたことを指摘しました。ほかにも平成末から令和にかけての流れをふり返ると、同様の事例が多くて、なんだか「ループもの」のアニメの中で暮らしている気がしてくるんです。

斎藤　ループものというと、古典としては一九八三年に大林宣彦監督が実写映画に撮って以来、なんどもリバイバルしている『時をかける少女』（筒井康隆原作）や、八四年の押井守監督作『うる星やつら2　ビューティフル・ドリーマー』がありますね。

平成のアニメでは『涼宮ハルヒの憂鬱』の神回として有名な「エンドレスエイト」（二〇〇九年）や、東日本大震災とシンクロして話題になった『魔法少女まどか☆マギカ』（二〇一一年）。また桜坂洋のラノベを原作とした、トム・クルーズ主演のハリウッド実写映画『オール・ユー・

ニード・イズ・キル』（二〇一四年）もそうでした。日本のサブカルでは、一貫して愛されてきた設定です。

夜眠っても、朝起きるとなぜか一日前に戻っていて、同じ日をずっと繰り返し続けるとか。結果としてなんらかのミッションを達成しようとしても、白紙に返って何回もやりなおすことになるストーリーが多い。新海誠監督が二〇一六年に大ヒットさせた『君の名は。』も、厳密には違いますが、変則ループものとして見ることができます。

與那覇　多くの作品では、ごく少数のキャラだけが「……おかしい。まさか時間がループしているっ?」と気づいて、なんとかしようとするのだけど、周囲に信じてもらえず孤立していく展開になります。はっきり言って、病気になるだいぶ前からぼくはその状態です（苦笑）。

つくづく歴史学なんて勉強するものじゃないと感じますが、ループに気づくのは過去をふり返り、歴史を生きているからですよね。現在にだけ関心を集中して「いまこれがアツいんだぜ、ウェーイ!」と盛り上がっていれば、同じことを何度繰り返しても気づきません。

斎藤　ええっと……。本書の議論はヤンキー的な時間意識、つまり永遠に「祭りと祭りの間」（インター・フェストゥム）を生き続ける発想の当否から始まりましたが、與那覇さんはやはりなじめないということですか。むしろ、最近では「そういう生き方もありだ」と考えを変えたという風に、おっしゃっていたと思うのですが（一章）。

與那覇　いや、長らくヤンキーの対極に置かれてきた「意識高い系」みたいな人たちに目の前で同じことをやられると、どっと疲れてしまうのです。彼らは「欧米こそが先進国であり、日本はまだまだ遅れている」とする直線的な歴史意識に基づき、その進んだあり方を広めると称してあれこれの啓蒙活動を行う。しかし実際には、無自覚に過去を反復しているだけの例が多い。
　典型が、二〇一七年に高まった「セクハラ告発ブーム」です。

斎藤　「#MeToo」運動ですね。ハリウッドの辣腕《らつわん》プロデューサーだったハーヴェイ・ワインスタインが、「俺の映画で使ってやるから」と言って女優や女性スタッフに性的な行為を強要し、なかには後に有名になる人も含まれていた。彼女たちがツイッター上で「#MeToo（私もされた）」のハッシュタグをつけて実態を告発したことをきっかけに、「ハラスメントをされたら、泣き寝入りせず訴えよう」とする運動が世界に広まりました。

與那覇　もちろんぼくも、そういう流れ自体は好ましく思っています。疲れるのはそのとき「ほら、欧米は女性の権利意識が進んでるだろ？　日本もそうならなきゃダメなんだよ」と称して、湧いてくる人たちに対してです。彼らはループに気づいていない、つまり同様のムーブメントが平成初頭にもあったことを忘れている。
　じつは平成元年（一九八九年）の新語・流行語大賞の新語部門で、金賞を獲得したのが「セクシャル・ハラスメント」です。同じ年の夏には当時の宇野宗佑首相の女性スキャンダルもあって、セクハラに対する批判は大いに盛り上がりました。

斎藤　神楽坂の芸妓さんを「これだけ出すから、いますぐ愛人になれ」と下品な仕方で口説いたと。折悪しく発覚したのが参議院選挙の直前で、しかも野党陣営を率いる社会党の党首が土井たか子さんだった。結果として自民党は過半数を大きく割る歴史的な敗北を喫し、大量当選した野党の女性候補者は「マドンナ議員」とも呼ばれました。

與那覇　自民大敗の理由には消費税の導入など、他の理由もありましたが、政治の展開とも結びついてこれだけ歴史に刻まれる事件があっても、みんなすっかり忘れているわけですよ。それで「知ってる？　進んだ欧米では #MeToo という運動が……」などと言い出す。

むろん意識高い系でも気の利いた人になると、これら平成初頭のセクハラ告発ブームに言及はした上で、「にもかかわらず改まらない日本は遅れている！」くらいのことは言います。しかし彼らはけっして、なぜあれだけ盛り上がったのに社会を変えられなかったのかを問わない。運動の方法論や、対策の立て方に問題はなかったのか。そうした自己吟味なしに「遅れた日本では……」と、人のせいにしてばかりいる。

斎藤　なるほど。いちおう平成の三十年間に進歩はあって、多くの職場にセクハラ対策のマニュアルや相談室が設置され、またＬＧＢＴの権利擁護など、女性以外のマイノリティに配慮する視点も加わりました。しかし総じてみれば、たしかにループ感があるのは否めません。

もちろん無理からぬ事情もあって、日本は国際的にはいまだに「ジェンダー・ギャップ指数１２１位の遅れた国」という汚名を返上できていない（二〇一九年十二月十七日に発表された世界経済フォーラム（WEF：World Economic Forum）の報告による）。東京医大にはじまった入試における女性差別や、韓国女性の生きづらさを描いた『82年生まれ、キム・ジヨン』のヒットなど、日本の男尊女卑社会ぶりには若い世代もかなり敏感です。そもそも問題が解決していないがゆえに、時間が止まっているという側面があります。

「セクハラ史」で平成を振り返る

與那覇　歴史をきちんと振り返ると、平成初頭の最初のセクハラ批判は、世界的に見て必ずしも「遅れて」はいなかったことがわかります。たとえばアメリカ社会にセクハラの概念が広がる契機になったとされる、アニタ・ヒル事件[69]は一九九一年ですから。

いっぽう日本に「セクハラ＝絶対悪」の印象を定着させたのは、一九九三年に発覚した京大矢野事件[70]でした。この矢野という教授の行いが、誰がどう見ても異常なモンスターだったため、さすがに「がみがみ細かいこと言うなよ。大人の男女間でもスキンシップは必要じゃん」的な、ぬるい主張は以降できなくなったわけです。

ただしそれは同時に、セクハラ案件といえば「ふだんは偉そうなことを言っているエスタブリッシュメントな連中の、下品な正体を暴いてひきずりおろす」ネタだと見なす空気も作ってしまった。どうにもこのときの負債を、私たちはまだ抱えている気がします。

69　最高裁判事候補の男性が「彼の部下だった時代にセクハラを受けた」と告発した女性と、上院公聴会で直接対決した事件。男性側が一貫して否認したため判事には任命されたが、全米に中継され反響を呼んだ。

70　京都大学教授で東南アジア研究の世界的権威だった矢野暢が、何人もの女性秘書を性的に搾取していた事実を告発された事件。「教授にすべてを捧げて奉仕する」旨の誓約書を読み上げさせるなど、洗脳まがいの労務管理を行っていた実態も暴露され、矢野は京大を辞職後に海外で客死した。

斎藤　「ひきこもりは楽をしている」という批判と同様ですが、社会正義という視点からの怒り以上に、「こいつらはズルい」というやっかみ感情が主動因になっている。最近だと不倫バッシングや「上級国民」への批判にも、通じる空気を感じますね。

與那覇　単なるエロおやじの言い訳を擁護する必要はないでしょうが、セクハラ対策と「表現の自由」が衝突するとむずかしい問題を生じますよね。ぼくがその契機として覚えているのは一九九五年に起きた、ガールズバンド「プリンセス・プリンセス」のポスター騒動です。

斎藤　それは時期的にもかなり早いですね。どういった事案なんですか？

與那覇　バンドが解散することになって、お別れツアーのポスターでメンバーが縄でぐるぐる巻きになり、椅子とかに縛られている写真を使ったんです。全体の趣旨を考えれば「それぐらい、いまはバンドの存在が拘束になってしまったんだ。だから解散するけどごめんね」という意味であることは明らかでした。

ところが「SMプレイを連想させて猥褻《わいせつ》だ」「女性への暴力を助長する」、だからセクハラだという批判が起こった。このあたりから「セクハラ認定を強化していくほど、女性が活躍しやすい自由な社会ができる」とする神話が怪しくなり出して、むしろセクハラを告発するのは過剰に潔癖症で、偏狭な価値観の持ち主だという別の先入観も出てきます。

そうした空気を捉えて、翌九六年には林道義『父性の復権』がベストセラーに。「男女平等なんて幻想。男が男らしさを発揮してこそ秩序ある社会ができる」という本は昔からありますが、大学の先生が中公新書というインテリ向けの媒体で書いたことで、反響を呼びました。

斎藤　林さんはユング心理学の研究者ですが「早起きすれば、ひきこもりは治る」という迷言を残しています。症状で早起きできない人に「早起きすれば治るだろ」と言うのは、「働けばニートを脱却できる」と同じで、意味がありません。相手が属するカテゴリーを丸ごと否定することが、問題の解決だと勘違いしている。そういう発想はハラスメント体質に通ずると思います。

與那覇　かくして一九九九年に男女共同参画法が施行されるころには、保守的な人々のあいだに「女性の権利の強調は行きすぎだ」とする発想が根を下ろしてしまい、その後のフェミニズム・バッシングに至ります。二〇〇六年に上野千鶴子さんや宮台真司さんが出した『バックラッシュ！　なぜジェンダーフリーは叩かれたのか？』には、斎藤さんも寄稿されましたよね。

斎藤　懐かしいですね。保守論壇のバックラッシュへの批判からはじめて、内田樹さんや三砂ちづるさん（疫学者）らが素朴な身体感覚のみでフェミニズム批判を展開していたので、その本質主義的な議論を組上《そじょう》に上げたり、フェミニストからは嫌悪されがちなラカン理論が、実はバックラッシュに陥らないために使えることを力説したりしました。十年以上前の本ですが、当時からどれほど進歩したかといえば、はなはだ疑わしいと言わざるを得ません。

與那覇　ほんとうにがっくり来たのですけど、平成末期の二〇一八年には取材記者へのセクハラで、財務次官が辞任する騒ぎがありました。当時、財務省は安倍首相のスキャンダル（森友学園問題）にまつわる「公文書改竄《かいざん》」が発覚して揺れていたのですが、トップが恥ずかしい姿をさらし、身を挺してマスコミの注目を集めることで、結果的に組織と政権を守った（苦笑）。

これがまさに、セクハラ報道が「下ネタ・ゴシップ」として浪費されてしまう事例だと思うんです。また平成初年に宇野首相を告発した元芸妓さんは、堂々とTVの取材に応じる様子がいまもネットに残ってますけど、平成末の女性記者は取材時に回したレコーダーの音源を匿名で他社に流したので、「さすがにその手法はアンフェアでは」という批判も招きました。

別に「告発者たるもの必ず本名と顔を出せ」と言っているのではないんです。SNSが普及しきった現在では、「身バレ」のリスクは昔より高いかもしれませんから。しかしこうして過去の事例と対照して、本当に進歩したといえるのか。「反動的」な動きが生まれるのはなぜなのかを検証する意識が、あまりに欠けていることに失望しています。

「行動主義」のマニュアルが失敗を生む

斎藤　三十年前とあきらかに変わった点としては、「その行為はセクハラでは？」とチェックされる際の精細度が、よくも悪くも格段に上がりました。初期に「セクハラ」と呼ばれたのはいまだと伊藤詩織さんの事件[71]のような、性犯罪を構成しかねない露骨な行為でしたが、現在では会話で不必要に相手の容姿や服装に触れた場合なども、ハラスメントと見なされることがあります。「悪くも」と添えたのは、そうした傾向に対して「じゃあ、もう仕事以外の話はできないじゃん！」と息苦しく感じる人が増えた結果、新たなバックラッシュが生じかねない雰囲気を感じるからです。平成の半ばに反フェミニズムを主導したのは「ごりごりのマッチョな保守派」のような人たちでしたが、もっと裾野が広い人たちが集まってしまわないかと心配しています。

與那覇　つまりセクハラ対策は、二重の意味で失敗してしまった面があるわけですね。ひとつはいまだにセクハラがなくならず、問題が続いているという意味。もうひとつは、ある部分でセクハラ対策が「行き過ぎて」、新たなバックラッシュを招きつつあるという意味での失敗です。

斎藤　そのとおりです。また平成の半ばから「パワハラ」（パワー・ハラスメント）として、性的なニュアンスを伴わない抑圧的な行為全般についても、チェックしていこうということになりました。その過程で同じ失敗が拡大しないか、注意して見ていく必要があります。

與那覇　ハラスメント対策が機能不全に陥ってしまう事態の根本には、マニュアルの作り方に見られる「行動主義」があるように思うんです。行動主義とは一時期の実験心理学が依拠していた、「心」や「内面・性格」のような目に見えない概念で議論するのはもうやめよう。行動としてその人の外部に表れ、観察・測定できるデータだけで人間を考察しようとする立場ですね。

単純にいえばマウスを使った動物行動学の実験のように、Aという刺激を与えたとき、Bをする人とCで対応する人がそれぞれ何パーセントで、性別や年齢による差は……という風に調べていく。逆に、本人が「どんな気持ちで」Bを選んだのかといった視点は、数字でデータが取れないからオミットするわけです。

これは、目下指摘される「マニュアル主義的なセクハラ対策の弊害」に近くありませんか。

71　二〇一五年春にTBSワシントン支局長の男性が、就職希望の女性と飲酒の上、泥酔した彼女を相手に性行為に及んだ事件。刑事事件としては不起訴となったが、東京地裁は一九年末に民事で損害賠償を命じた（係争中）。

「はい、いま容姿を話題にしたからアウト！」のようにセクハラ認定が行われて、どういう会話の流れだったのか、そこに悪意はあったのかといった内面的な部分は見てもらえない。

斎藤　面白い視点ですね。「パブロフの犬」[72]で知られるイワン・パブロフが、行動主義の源流のひとつです。人間の自由意志などは錯覚に過ぎず、動物と同様の「条件反射」で行動は決まっていると考える。そう言われると自己を否定されたようで、不快に感じる人は多いと思いますが、現行のセクハラ対策マニュアルにも類似の発想がありはしないかと。前章の「すべてをデータ処理してAIに任せられるのか」という話題からも、つながってくる問題です。

與那覇　たとえば「男女二人で食事に行ってはいけない」「お酒を飲んではいけない」「部屋に入ってはいけない」みたいな指針って、あきらかに人間を犬として見ていますよね（苦笑）。そういう状況が整えば条件反射で、誰でも性的な行為に走るものなんだと。皮肉なことに、これって男権的保守の最強硬派がよく言う「女を征服したいのは男の本能だ。ものにできる女をヤらないのは玉無しだ」的な価値観の裏返しになっている。

　道徳的な正しさの問題は措《お》くにしても、内面を問わない行動主義で人間を管理しようとして、そもそもうまくいくのか私には疑問なんです。斎藤さんはどう思われますか。

斎藤　じつは行動主義は精神医学にも影響を与えていて、かつては「行動療法」というものがありました。たとえば病気で生活リズムが乱れた人を、無理やり「理想的なスケジュール」に則して暮らさせるとか、不安障害の人をあえて不安の対象に直接曝露《ばくろ》して、なにも起きないことを確認させて治すとかですね。ところがおっしゃるように、やはり行動だけを制御しても、内面が伴わないと効果が上がらない事実が次第にわかってきました。

ですからいま、うつ病治療などで広く用いられている「認知行動療法」[73]は、必ずその人の内面＝認知のあり方に働きかけた上で、具体的な行動に移してもらう二段階になっています。これはエビデンス上でも高い効果が認められている治療法ですが、逆にいうと患者さんの内面さえも「行動主義的に働きかけて、治療者が望む方向に誘導」できてしまうところもあるので、私自身は少し危惧を持っています。

與那覇　行動主義のもうひとつの欠点は、外見上観察可能な事象だけですべてを判断するので、当事者でなく現場にもいなかった「野次馬」を巻き込んでしまうことですね。平成後半に成立した総SNS社会の結果、ますますそうした負の側面が拡大していないでしょうか。

斎藤　「炎上」ですね。当事者ではない人が会話の断片だけを見て「女性蔑視だ！」と拡散し、いつのまにかネットリンチになってしまう事態のことですか。

與那覇　ええ。特に前章で議論した「AI化する人間」と組み合わさるとたちが悪い。AIの特徴は意味を理解せずにデータを扱うことでしたが、まさしく当人どうしのあいだではどういう含意だったのかを吟味せず、「〇〇って言った！　だからセクハラだ！」のように振る舞う意識の

72　ソ連の生理学者パブロフが「特定の音の後に、犬に餌を与える」行為を繰り返すと、やがて犬は（餌なしでも）音だけで唾液を出すようになることを確認した実験。

73　具体的にはワークシートを用いて、患者に自身の内面を観察させ、どのような行動でその悩み（怒りや落ちこみなど）を解消できるかを考えさせる治療法。シートを臨床心理士とともに検討してゆく形式が多い。

高い（つもりの）人は、いま結構多いと思います。

叱り方のコツは「意味への配慮」

與那覇　先ほど話題に出たように、現在はパワハラをはじめとして「ハラスメント」の概念自体が大きく拡散しています。それによって救われた人も多い半面で、「そこまで言われたら、部下を叱ること自体がもうできないじゃないか」と悩みを抱えた人も相当いる。けっして家父長主義的な保守派に限られた話ではないと思います。

ぼくの考えでは、行動主義ではこうした袋小路は絶対抜けられないので、やはり「意味の次元」を回復する必要があります。ハラスメントを「相互に意味の食い違いがあるとわかったときに、相手側が抱いてきた意味を一方的に棄却して、自分の側の意味にのみ従うよう強要する行為」と定義するだけで、ぐっと見通しがよくなる。

たとえば上司には部下の提案を却下する権限がありますが、だからといって目の前でペーパーを破き捨てたらパワハラですよね。それは部下がその人なりに込めてきた「意味」を全否定して、「そんなもの認めるかバカ。お前のやってきたことはゴミだ」と烙印を押す行為だからです。逆に行動主義で「破くのはいけません」「丸めるのもいけません」「机を叩くのも……」とブラックリスト式に列挙していたら、きりがないでしょう。

斎藤　最近、管理職研修にも関わっているのですが、必ず伝えているのは「部下と接するときは

「総論イエス、各論ノー」で臨みましょう」ということです。つまり部下を指導するときは、本人のやっている努力や強みは認めつつ、問題のある部分だけをできるだけ「属人的ではない」形で注意するということです。

與那覇さんの用語で言い換えると、部下がやってきたことの「意味」は承認しつつ、具体的に生じた問題＝ファクトの指摘もしっかり行うということになりますね。意味の部分さえも認めてあげないのは、いわゆる「人格否定」で、それこそうつ病を誘発する危険もある。特にいまはコミュ力偏重社会ですから、「きみはコミュ障だ」「空気が読めてない」といった叱り方は厳禁ですよと言っています。

與那覇　企業の管理職研修が「ＡをするのはＯＫ。ＢとＣとＤはダメです」といった行動主義的なマニュアル形式を離れて、意味について考える方向になってきているのは朗報です。

一方で心配なのは、かつて自分も働いていた教育の現場です。もちろん在職中はハラスメント対策研修にも出ましたけど、ほぼ「こういう行為をする教授はアカハラです」といったビデオを見せられるだけでした。仮にも学問的な研究を行っているはずの大学でそれなら、小中高はどうなっているかと思うとめまいがします。

斎藤　おっしゃるように問題は深刻で、むしろ両極化の様相を呈しています。一方では「叱ってハラスメントになったら困るから」、子どもを叱る役割の押しつけあいが起きていて、親は担任に叱ることを期待し、その担任は生徒指導の先生に……という無責任体制になっている。

しかしもう一方で、いまでも不登校のかなりの部分が教師のハラスメントに起因している実態があるんです。感情むき出しで子どもを怒鳴りつけたり、生徒間でのいじめを制止せず煽ったりとか。二〇一九年の秋には神戸市の小学校で「教員が教員をリンチでいじめる」事件が発覚しましたが、相手がどんな意味を日常に込めているかなどということを、一度も考えたことのない人が教師になっている。教員志望者が増えないと、質の低下が止まりません。

與那覇 「叱る役の外注」は大学にもあって、「そんなんじゃ社会では通用しないぞ!」といったお説教を就職説明会のコンサルタントに頼んでいる面はあります。もちろん教員間でのいじめもありましたが(失笑)、それは『知性は死なない』に書いたのでもういいでしょう。

権力者たちのハラスメントは相変わらず横行する一方、ふつうの人が過剰に「ハラスメントだと言われる」ことを怖れだした結果、今日の日本ではもはや叱る行為自体が、特別な才能の持ち主だけに許される「芸」の域に入ってしまってはいませんか。テレビ番組でもある時期から、人を叱れるお説教キャラがやたらと重宝されていますね。

斎藤 NHKでやっている『チコちゃんに叱られる!』とかですか?

與那覇 ぼくの印象では二〇〇〇年代の半ばに、民放で細木数子さん(占星術師)や江原啓之さん(霊能力者)の番組が数字をとってからですね。人生相談を装いつつ「そんな生き方、全然ダメ!」と一方的に叱り飛ばす様子が、自分ではふだん思っていても言えない視聴者に好評を博しました。その江原さんと組んでいた美輪明宏さんあたりを媒介に、近年は「ゲストを叱る人」の傾向がちょっと変わり出して……。

斎藤 「前世からのメッセージ」みたいなオカルト色は退潮しましたね。むしろマツコ・デラックスさんやミッツ・マングローブさんのようなLGBT系の人が多い。昔は「オネエキャラ」などと言われて、美輪さんのほかに美川憲一さんも似たポジションにいました。
『父性の復権』の林さんみたいに露骨なマッチョイズムを振りかざす叱り方はウケないけど、あいう「父性的なおばちゃん」というか「母性に包まれた父性」を持つ人に、これだけは絶対に正解だという価値観を断定してほしいのだと思います。精神分析的には「ファリック・マザー」(Phallic Mother：男根を有する母)と呼ぶものに近いですが、これは聖性と穢《けが》れの両極を一身に体現している点で、いわば万能感の象徴みたいな存在なんです。
アブノーマルさと土着性とが融合して、この人は「世間の厳しい目を生き抜いてきた人生の達人」だから、その助言は正しいという気にさせるんですね。私も美輪さんに叱られたら、しゅんとなるでしょうから。

與那覇　それ、めっちゃヤンキーカルチャーじゃないですか(苦笑)。

斎藤　前から言っているように、私の中には「内なるヤンキー」がいるんです(笑)。

タテだけでなくヨコでも考えよう

斎藤　ただ真面目にお話しすると、同僚から聞いたのですが、日本の職場に白人が転勤してきたら、ぴたりとハラスメントが止んだという話があります。なぜかというと、日本社会のハラスメントは「暗黙の前提(空気)を共有していないやつを、みんなでいじる」やり方が多いでしょう。

與那覇　とくに最近は総サービス産業化を背景として、「コミュ障認定」「アスペ認定」してイタさをからかう形になりがちですね（五章）。

斎藤　ところが顔かたちや肌の色がまるで違う人が入ってくると、そういう不文律が機能しなくなるんです。少し理論的にいうと、ハラスメントはハビトゥス[74]を共有するコミュニティの内部で行われるものなので、同じ慣習を自明視していない第三者がいるとやりにくくなる。違う世界に属していることが最初から前提の人に「それ、なにしてる？」と言われると、「うるせえな。空気読めよ」とはもう返せないですから。

與那覇　機能的には黒人やムスリムでもよいはずが「白人」限定なところに、近代以来の西洋コンプレックスが表れていて複雑な心境ですが（苦笑）、おっしゃることはよくわかります。それにハラスメント概念の再定義としても、そうした方向性が必要だとぼくは思っているんです。

平成の頭以来、長らくハラスメントは「権力的な上下関係を背景として、上のものが下のものに不快な行為を強要すること」だと定義されてきました。いわばタテ軸に沿って問題を捉えて、だから下の方＝「抑圧されている弱者」に味方しようとする議論だった。これは行動主義とも相性がよくて、トラブルがあったときに「どちらが被害者だ？　それは当然、地位が低い方だ」と客観的に決められますから、マニュアル化が容易になる。

もちろんそれは、当初は虐げられている人たちの力になりました。しかしぼくの考えでは、そうした捉え方を続けるかぎり、あらゆるハラスメント対策は「メタ・ハラスメント」を生んでしまうんです。

斎藤　「お前は俺にハラスメントをしたな。訴えてやるぞ」という形で脅して、相手に言うことを聞かせる新型のハラスメントが出てくるということですか。

與那覇　ええ。実際に労働関係のニュースを見ていると、最近は「部下が上司に」パワハラをしていたと認定される事例がけっこうあって。荒れる学校で「生徒が先生に」ハラスメントをする例は昔からありましたが、そうした事態が企業内でも普通に起きています。「どちらの立場が上だった？　それで加害者と被害者を決めよう」という思考法では、すでに対応できない局面に入っている。

ハラスメントの人間関係をタテ軸のみで切るのではなく、ヨコの軸でも見てみて、いったいどこから「意味のすれ違い」が生じ、どの人が相手に歩み寄ろうとして、誰がそうでなかったのか。そうした視点での捉え方が必要になると思うのですが、いかがでしょう。

斎藤　ここでも重要なのは「個の尊厳と関係性」なのだと思います。関係性というコンテクストを捨象するから、マニュアル的なハラスメント解釈が横行するわけですし、「個の尊厳」という視点がないので、単なる「やられたからやりかえす」的なメタ・ゲームになってしまう。

與那覇　もうひとつメタ・ハラスメントが流行る理由としては、日本ではハラスメントで「訴えられた」時点で社会生命が奪われるじゃないですか。その後きちんと調査したら冤罪だったとい

74　日常の生活を通じて無意識に蓄積される、自覚されないままに共同体の成員の「知覚・思考・行為の傾向」を規定してゆく慣習のこと。社会学者のブルデューが提唱した。

う可能性もあるのに、「あの人はトラブルメイカーなんだ。つきあうのはやめた方が無難だね」とされてしまう。

ここでなにが起きているかというと、ぼくは一章で議論した「人間教」の再生産だと思うんです。「ふつうの人間」はだいたいみんな同じで、話せばわかりあえるはずだ。本当にセクハラをしたかは知らないが、しかし訴えられている＝周囲とわかりあえなかった時点で、「ふつうでない」側面があったことは自明である。だから仮に冤罪だったとしても、当人が社会不適応者である事実は動かない——といった具合ですね。

斎藤さんがおっしゃるように、人間教に基づく「見えない不文律による支配」が日本社会のハラスメントの母体だとすると、ハラスメントの厳罰化こそがハラスメントの土壌を再強化するという、よくわからない事態が起きてしまっている。これもまた、平成の最初と最後で「ループ」が生じる背景のように思います。

「キャラ万能」社会をのり越えて

斎藤　単純化された対策マニュアルを盲信した結果、かえって「セクハラ告発に批判的な人」が出てきたり、ハラスメントの風土が無自覚に強化される事態を招くことを、與那覇さんが懸念しているのはよくわかりました。そこは非常に共感する反面、私としてはもう少し、ここまでの日本の達成を評価してもいいかなと感じます。

やはり新しい言葉を作ることはそれ自体に価値があって、「セクハラ」という用語が生まれたからこそ、ようやく「あ、それは悪いんだ。嫌だって言っていいんだ」と思えるようになった。私の専門に関連する分野だと、「DV」（Domestic Violence：家庭内暴力）や「ネグレクト」などもそうです。それらの用語が普及するまでは「わが家のしつけだ。不満なら出ていけ」という価値観を刷り込まれて、被害者自身が問題に気づくことが困難でしたから。

與那覇　それはまったくおっしゃるとおりですね。全面的に賛成です。

斎藤　また「なんでもハラスメント認定されるようになって、かえって息苦しい社会になった」という意見はたしかによく見ますが、じつは私自身はあまりそう感じていなくて、以前よりはずっと過ごしやすいと思っているんですよ。

なぜかというと医学部や病院は、ヒエラルキー（上下関係）に基づく古典的なハラスメントが起きやすい場所なんです。だから昔は、女性看護師にボディタッチするのは「あいさつ代わり」みたいに思っている男性医師が普通にいたりして、注意した方が逆に浮いてしまったりもした。それに比べればセクハラを「過剰に警戒」しているいまの方が、よほどいい気もします。対照事例のレベルが低いかもしれませんが（苦笑）。

與那覇　いえいえ（苦笑）。しかしそれはマニュアル主義のもうひとつの限界を明らかにしていて、なんていうか「ハラスメント・コミュ力」の高い人っているじゃないですか。ナンパ師が典型ですけど、容姿や性体験を露骨に話題にしてるのに、妙に巧みであまり嫌われない。

斎藤　昔だと男性誌の『POPEYE』や『Hot-Dog PRESS』がモテる男としてそういうキャラを

推していたけど、私はシャイなのでなじめなかったんですよ。誰も信じてくれないんですが九〇年代になるまでは、ハラスメントすれすれの強引な「コミュ力」が一人前の男の証として、あらゆるメディアで推奨されていたんです。逆に女性誌でも「いい男をつかまえるには、そういう話にうまく乗らなきゃ」のように煽られていたのが一九八〇年代でした。

何度も話題にしたようにコミュ力偏重社会の生きづらさはいまもありますが、その点はだいぶましになったかなとも思うんですね。

與那覇　つい「ハラスメント力」みたいなことを言いましたけど、「力化」するってよく考えると危険ですよね。それ、普通はネガティブな意味じゃない？　という用語に「力」をつけてヒットさせる風潮が、渡辺淳一『鈍感力』(二〇〇七年)・姜尚中『悩む力』(〇八年)・勝間和代『断る力』(〇九年)のころピークになって、いまも堀江貴文『多動力』(一七年)が続いています。これらの本がそうだというのではありませんが、しかし一歩間違うと「セクハラぐらい笑って受け流すのが、職場で求められる女子力だ」みたいな発想はまたすぐ出てきそうです。

ただ、そこで「結局は男性優位社会だから」といったタテ軸に回帰するのではなくて、もう少しヨコ軸にこだわってみたい。ハラスメントの訴えがあったときに問うべきは、「どちらが権力を持っている加害者か」より先に「どんな意味のずれがあるのか」だと思うんです。

加害者探しって一見ハラスメントの主犯に厳しいように見えて、「ハラスメント力」が高い人には意外と効かないじゃないですが。「〇〇さんならそれくらい普通だよ。むしろ愛情表現だから慣れないと」みたいになっちゃって。

斎藤　「そういうキャラなんだからわかれよ」というやつですね。三章で見た承認強者・弱者の格差も、そう思わせる個性の有無から生じている面がありそうです。実社会ならともかく学校社会では、「イタいやつをいじるのがうまい」カースト上位者は、ハラスメント常習者であることがしばしばですから（五章参照）。

與那覇　おそらく力や能力といったときに、それは「個人」が保有するものだとする前提があるから、そうなってしまうんだと思うんです。むしろ個人と個人のあいだにある「関係性」みたいなものこそが力の主語であって、コミュニケーションが充実するかハラスメントがはびこるかも、「どちらか一方が悪い」というより当事者どうしの「噛みあわせ」で決まる面がある。そんな風に考えなおせないでしょうか。

これ以上「ジョーカー」を生まないために

與那覇　斎藤さんほか多くの方に勧められて、二〇一九年の話題作だった『ジョーカー』を見ました。ホアキン・フェニックスが演じる内向的な中年男性が、バットマン・シリーズで一番の悪役である犯罪王ジョーカーになっていく過程を、SF感を排してリアルに描いていますね。未来風の超現実的な建物等は一切出さず、現実のニューヨークで起きた事件を撮ったかのような演出で、アメリカン・ニューシネマ[75]を思い出しました。

斎藤　私も同作はハリウッドのエンタメ映画の文法から距離をとって、むしろそれらへの批評を展開した傑作だと思いました。内容面ではどうご覧になりましたか？

與那覇　実は、途中でちょっとつらくなったんです。やがてジョーカーになる主人公のアーサーは、スタンダップ・コメディアンを目指していますよね。たった一人の「喋り」だけで笑いをとる芸人のスタイルで、米国では一般的だし、作中にも出てきますが成功者はＴＶショーのホストを務めたりして、お茶の間の大統領みたいな権威さえ持てる。

日本でもボケとツッコミのコンビじゃなく、「ピン芸人」が妙に推された時期があるじゃないですか。二〇〇〇年代の半ばだったと思いますけど、ぼくはあれこそ「悪しき新自由主義」の極致だと感じて、以降お笑い番組が嫌いになっちゃったんです。

斎藤　えっ。なんだか意外な発言ですが、どういうことですか。

與那覇　コンビ芸の場合、二人という最少人数でも「共同体」が成立していて、笑いをとる能力はそうした共同性のあいだで保有されますよね。「相方どうしでボケて、ツッコミあう」からウケるのであって、パートナーを組み替えたら同じようには笑えない。

対してピン芸人は文字どおり一人で笑いをとるわけですが、それだと「普通は恥ずかしくてできない振るまいをして、イタさを笑ってもらう」芸風に陥りがちで、最初から使い捨て前提の人材として扱われる人もいる。これこそ究極の、競争の個人化による共同体の解体です。それが笑いの基本形になっているアメリカはなんと過酷な社会かと思うし、ネタバレは避けますがアーサーの悲劇も、そこから生まれたという風にぼくは見ました。

斎藤　與那覇さんらしい見方ですね。たしかにコンビならネタがスベってもトークでごまかせますが、ピン芸人がスベって笑われるシーンは、共感性羞恥《しゅうち》でいたたまれない思いがします。一方で私はむしろ、冷戦終焉以降のハリウッド映画における「悪や異常性」の描き方を、再定義する作品として鑑賞しました。

二章でも見たように一九九一年の『羊たちの沈黙』が火をつけたサイコスリラー・ブームでは、俗流フロイト主義的な「児童虐待が異常犯罪者をつくる」とする発想が前提でした。善悪の彼岸で超然としていたはずのレクター博士も、続編『ハンニバル・ライジング』では、「収容所で妹を食べられたトラウマで、自分も食人鬼になった」というマンネリな設定になってゆきます。煮詰まったジャンルの末路ともいえますが、あれは本当にやめてほしかった。

二〇〇八年の『ダークナイト』でヒース・レジャーが怪演したジョーカーは、そうした潮流へのアンチテーゼだったんです。犠牲者をいたぶるごとに「俺はこんなトラウマのせいでよぉ」として語りかける内容が毎回違う、つまり「もうトラウマ語りなんて意味ねぇよ」が真のメッセージになっている。これがポスト9・11の、倫理観が崩壊した世界の隠喩としてヒットしました。

二〇一九年の『ジョーカー』では主人公の生い立ちが丁寧に描かれるので、一見するとトラウマ主義に回帰しているように見える。しかしポイントは、「これが決定的な事件だ」というもの

75　一九七〇年に前後して米国で起こった、低予算でのオールロケなどリアリティを追求する技法で、スタジオに閉ざされてきたハリウッドの古典映画を刷新する運動。『俺たちに明日はない』『イージー・ライダー』が有名だが、『ジョーカー』で引用されるのは『タクシードライバー』や『フレンチ・コネクション』。

を特定していない点です。たしかに與那覇さんが注目した一件は重要ですが、相対的に小さな出来事から始まって、周囲からのハラスメントが少しずつ重なり、「いつ悪として覚醒したのか」がわからないようになっています。

しかも藤田直哉さんが書いているように、事件の解釈がずれをはらんで、主人公の意図を超えて拡大していく。[76] 最初の殺人は単なるもののはずみだったのに、群衆は彼を格差社会に反旗を翻すヒーローに見たてて熱狂し、その熱狂が彼自身をさらに悪へと煽っていく。いわば誤解の連鎖なんですよね。

普通の生活者とシリアルキラー、社会の犠牲者と凶悪な加害者とはグラデーションでつながっていて、ほんとうはあいだに明快な一線は引けないんだよと。そういう新しい描き方には、精神科医としても説得力を感じました。

與那覇　ハラスメント問題でも、しばしば性急に「こっちは被害者。あっちが加害者」という振り分けがなされがちで、そうしたやり方だとアーサーのような「コミュ障」キャラは不利益をこうむりがちだし、行き過ぎればメタ・ハラスメントに転化する危険もある。現実の世界でも、これまでの見方を一度再検討して、新たな視点を模索していく必要がありそうですね。

【この章のポイント】

ハラスメントをなくすには、海外の動向だけでなく「日本に固有の文脈」にも目を向け、なぜ問題解決に「失敗してきたか」をふり返ることが大切だ。性急な「犯人捜し」をして鬱憤《うっぷん》を晴らすよりも、どういった関係性があれば個人の尊厳が守られたのかを、冷静に議論していこう。

---

76 藤田直哉「『ジョーカー』の秀逸さとトランプ大統領の共通点。私たちは一体何に「笑って」いるのか？」ハフィントンポスト日本版、二〇一九年十二月十四日。

第八章　辞めたら人生終わりなの？——働きすぎの治し方

うつ病の常識を変えた「電通裁判」

與那覇　前章と同じモチーフになってしまいますが、平成の頭と終わりとでもうひとつ「ループ感」があるのが、働きすぎと過労自殺の問題でした。この間、うつ病についての認知度は相当上がったはずなのに、どうして私たちはそこから進歩できないのでしょうか。

記憶に新しいところですが、二〇一五年のクリスマスに最大手の広告代理店・電通に勤めていた二十四歳の女性社員（高橋まつりさん）が自殺しました。ちょうど一年後から、この事件を過労自殺としてメディアが大きく取り上げ、ネットを中心に電通バッシングが起きて社長が辞任したり、安倍政権が進める「働き方改革」のシンボルとして利用されたりもしています。

しかし、そもそも「電通で過労自殺」といえば、ぼくより上の世代だったら覚えていてよいはずの有名な事例がありますよね。

斎藤　そうですね。まだ平成の冒頭だった一九九一年にやはり電通勤務で二十四歳だった、男性社員が自殺しています。平均して月に一五〇時間近い残業を強いられて、徹夜勤務が恒常化し、宴会でも革靴に注いだお酒を一気飲みさせられるといったパワハラを受けていました。

このときは遺族が電通を相手に訴訟をおこし、二〇〇〇年の最高裁判決で一億六八〇〇万円の損害賠償が認められ、過労自殺の概念が広く知られるきっかけとなりました。だから「平成史はループもののアニメのようだ」というのは一理あります。

與那覇　セクハラ問題と同様に高橋さんの事件のときも、目下の出来事だけを見て騒ぐ群衆と、「前もあったのにこれだから電通は」のようなトリビア語りに終始して「なぜループが生じるか」を考察しない一部のインテリという、どっと疲れる状況が出現しました。

二つの事件ではともに、裁判所や労基署によって「自殺の時点ではうつ病に陥っていた」ことが認められています。北中淳子さん（文化人類学）の『うつの医療人類学』などで詳しく分析されていますが、この二〇〇〇年の最高裁判決は、それまで日本の医療界で一般的だった「うつ病観」を一変させた、画期的なものだったそうですね。

斎藤　ええ。今では信じがたいことですが、当時はうつ病は基本的には内因性の疾患であり、脳や体質に由来する、ある特定の気質を下地に発症する病だとされ、ストレスなどの「外因」でうつ病になることは少ないと考えられていたのです。実際に電通側も裁判では「うつ病になったのは本人の性格ゆえであり、過労といった外的要因のためではない」と主張しました。

與那覇　メランコリー親和型とか、執着《しゅうちゃく》気質と呼ばれてきたものですね。自分の仕事に対するこだわりや責任感が強く、与えられた使命は最後まで達成しないと気が済まない、いわゆる「まじめすぎる」性格です。

　これに対して最高裁は、大略「そうした性格は、むしろ「模範的な好ましい労働者像」として通常想定されるものであり、会社もそれを前提に雇用し働かせてきたはずだ。後になって「病気は本人の気質ゆえだから自己責任」とする抗弁は認めない」とする判決を下します。

斎藤　最高裁の判断はまさしくまっとうなものだと思います。結果として精神医学界の常識も塗り替わり、今では「ストレスでうつ病になる」という理解は当たり前になりました。

　私が二〇一一年に出した『「社会的うつ病」の治し方』の副題を「人間関係をどう見直すか」としたのも、こうしたうつ病観の変化を踏まえてのことです。長らく「うつ病は脳の病気なんだから、薬を飲めば治る」とされていたのに対して、むしろ投薬治療以外に〈人薬《ひとぐすり》〉というか、周囲の人間関係の再調整が重要だとする視点を強調し、具体的な方法を提案しました。

與那覇　しかしつくづく運が悪いなと思うのですが、その二〇〇〇年の最高裁判決のちょうど前年に、日本でもＳＳＲＩ[77]が解禁されます。飲みやすい抗うつ薬が発売され、「気軽に医者にかかって、普通の風邪のように治そう」（うつは心の風邪）という雰囲気が生まれた結果、職場の環境を変えていくことが大事だとするメッセージが、十分伝わらなかった面はありませんか。

77　選択的セロトニン再取り込み阻害薬（Selective Serotonin Reuptake Inhibitors）。脳内に放出されているセロトニンの濃度を上げて、うつの症状を緩和するもの。日本で認可されているのは「デプロメール／ルボックス」「パキシル」「ジェイゾロフト」「レクサプロ」の四種。

斎藤　たしかに。この後ご説明しますが、ＳＳＲＩなどの薬物治療だけでは、うつ病は改善はしますが治しきれません。もっともかくいう私も、一九九八年の『社会的ひきこもり』には当時の学説に従って「うつ病は薬で八割治る」と記してしまったので、現行版では修正しました。大雑把にいうと、ＳＳＲＩによる改善率は八〇％と高いのですが、寛解率（＝患者のうつ症状がすべて消える割合）は四〇％しかないのです。

日米で異なる「ＳＳＲＩ論争」の真実

與那覇　このＳＳＲＩはいま、診察で「うつっぽいですね」と言われると一番出やすい薬なのですが、厄介なのは導入時にアメリカで大きな論争があり、日本にも飛び火した経緯があります。結果として「効かないから意味ない」と「効きすぎて危ない」という、正反対のバッシング本が玉石混交の著者によって刊行され、病気の当事者が手にとると混乱してしまう。

　本書ではしっかり整理しておきたいのですが、まずＳＳＲＩが当初画期的と言われた理由は、それまで一般的だった三環系抗うつ薬[78]に比べて、副作用が圧倒的に少なかったからですね。

斎藤　はい。ちなみに與那覇さんは、三環系抗うつ薬は試されたことはありますか。

與那覇　入院中にデプロメール（ＳＳＲＩ）が全然効かなかったので、一度だけトリプタノールを出されましたが、これはすごかった。飲んだ翌朝、両足の太もものあたりがむくみというか異常にこわばって、動かせない。すぐキャンセルになり、その後は病名自体が双極性障害に変わったので、むろん今は飲んでいません。

斎藤　それは三環系のなかでも、一番きついのにあたりましたね。昔はうつ病といえば、患者の症状も非常に重度で日常生活が送れる状態でないし、一方で薬の副作用も大変強いから、とにかく休養をとり可能なら入院して、治療に専念しましょうというのが基本だったのです。実際、それで良くなる患者さんも多かった。ただ、三環系抗うつ薬は過量摂取すると意識障害や循環器の障害で死に至る可能性が高く、使い方がやや難しかった。

これに対しSSRIは副作用が軽いので、結果的にうつ病の「カジュアル化」をもたらした面があります。ちょっと「うつかな?」と思った時点で、重症化する前に飲んで、軽いうちに治そうと。だから内科医などもすぐに処方する。製薬会社や精神医学界も、そういう形で啓発してきたのは事実ですね。

與那覇　ぼくは日本におけるSSRIの一番の副作用は、カジュアル化を通じて「病気をごまかしながら働ける」とする幻想を作ってしまったことだと思うんです。日本の正社員は定年まで同じ会社に勤める例が多いので、できれば休職したくないというプレッシャーが強い。

そのとき「周りに病気を知られずに「飲みながら働く」選択肢もありますよ」などと言われたら、つい無理をしてそちらに行きがちです。もちろんそれで乗り切れた人はいいのだけど、結果として治療が遅れてどんどん重篤化し、自殺してしまったら取り返しがつきません。

78　三環式化合物を含む初期の抗うつ薬。現在もトリプタノールやアナフラニールなど数種類が用いられている。

斎藤　おっしゃるとおりで、正しい批判だと思います。そもそもＳＳＲＩが効きすぎて危ないというのは、五章で触れたようにアメリカでは「早期発見・早期治療」の方針が学校教育でも徹底されているので、子どもに投与してしまう例が多かったんですよ。その結果、特にパキシルが自殺率を高めるなど重大な副作用を生んで訴訟になり、いまは青少年への投与は推奨されません。

逆にいうと成人の患者にとってのＳＳＲＩは、よくも悪くも一貫して「軽い薬」です。症状を緩和してはくれますが、それだけで治しきるのは難しく、その分副作用も少ない。

與那覇　米国で最初に評判になったＳＳＲＩは、一九八八年のプロザックですよね。「ネクラな自分にさよなら。飲めばハッピーで明るい気分に！」のような露骨な宣伝法は批判も浴びて、日本ではいまも認可されません。これは効きすぎるからですか？

斎藤　いえ、その後ＳＳＲＩのなかでも進歩があって、いま出ている薬の方がもっと有効だからです。プロザック・ブームの実態は、健康サプリのようなものと考えて差し支えありません。

與那覇　もうひとつ（三環系でもＳＳＲＩでも）うつの薬で患者が混乱するのは、「主症状と副作用が同じ」ことです。熱は下がるけど、副作用でお腹がゆるくなるかも、というのが普通の薬でしょう。しかし抗うつ薬だけは副作用の欄に「めまい・ふらつき、全身のだるさ、胃腸の不良……」などと、まさにいま悩まされて「治したい」はずの症状が書いてある。

なんだよそれという感じで、ぼく自身ほんとうに苦しかったのですが、いちばん納得がいったのは木村敏さんの説明でした。うつが「いい加減休めよ」という身体のシグナルだとすると、最初はちょこちょこと不調が出て、休まないでいるともっとひどくなりますよね。抗うつ薬はそうした不調を「一気に全部出し切らせる」ことで治す薬なのだから、飲むと「一時的に症状が重くなる分、早く治る」んだと、そういう風に医者は説明すべきではと提案されています。[79]

斎藤　薬理学的に正確な説明かと言えば疑問もありますが、わかりやすいですよね。実際には服薬して二週間ほどすると徐々に症状が軽くなっていくような場合も多いので、一般化は難しいですが。ただ、最初にそういう反応が起こるかも、と説明してもらっていると、「飲んだらかえって悪くなったからやめる」みたいな服薬中断が起こりにくいということはあると思いますので、私もそういう説明をすることはあります。

自作自演だった「新型うつ病バッシング」

與那覇　この「三環系からＳＳＲＩへ」という治療方針の転換を知らないと、正しく理解できないのが二〇一〇年前後に起きた「新型うつ病」へのバッシングです。この頃は本当にひどくて、普段は「傷ついた弱者の味方」のような発言をしている香山リカさんまで『仕事中だけ「うつ病」になる人たち』（二〇〇七年）、『「うつです」というその前に』（二〇一一年）などの本で「仕事を休むためにうつだと申し出る若者」を攻撃しました。

斎藤　私も自戒しているのですが、メディアに登場する精神科医はついサービス精神で「時代が

79　木村敏『生命と現実　木村敏との対話』（聞き手・檜垣立哉）河出書房新社、二〇一七年、一三九～一四一頁。

求めている発言」をしてしまいがちなんです。「新型うつ病」というのも正式な病名ですらないのに、「最近「うつだから休みます」みたいなやつが多くないか？」といった空気を代弁して流布してしまいました。

與那覇　新型うつと呼ばれて非難されたのは「あいつら、症状が軽いじゃないか。会社には来ないけど友達とは遊んでるらしいし」といった事例ですが、軽いうちから医者にかかって、早期発見して重くなる前に治そうというのは、そもそもＳＳＲＩ以降に精神医学界が推奨してきた治療法ですよね。後になって「若い世代が言ってるうつは、ヘン！　もはや新型だ」として叩くのはマッチポンプというか、自作自演が過ぎはしませんか。

斎藤　耳が痛いですが、この背景にはドイツ由来の精神病理学の影響が強かった、日本の医学界の特殊事情があります。「笠原・木村分類」[80]が典型ですが、昭和の終わりまでのうつ病研究は、半分ぐらいは病前性格（うつになりやすい性格）の研究でした。結果として先ほども名前の出たメランコリー親和型ないし執着気質、つまり「まじめすぎる人」がうつ病になるとされてきた。

そうした理解に立つ精神科医の一部が「まじめすぎてボロボロになってから病院に来ていた、あの古き良きうつ病患者はどこへ行ったんだ！」などとして、あまりまじめに見えない若い患者さんを攻撃してしまった面は否めません。病気自体でなく「なる人の性格」を分類するあたりが日本人の変なクセで、新型うつ病と呼ばれる前にも「ディスチミア親和型」などの呼称が提案されたりしました。

與那覇　人間の分類、つまり「あいつはああいう奴だから」で全部説明しようとする。前章で触れた「キャラがすべて」な発想から精神科医すら自由でなかったともいえるし、六章の用語でいえば人間主義が過剰なわけですね。暗黙裡に「ふつうの人間」を想定した上で「あなたは何型だから、こういう病気なんだ」と断じちゃうところがあると。

斎藤　それこそ「人間学的精神病理学」と呼ばれて、一時は精神病理学の花形だったんです。対してSSRIと重なる時期に主流になった英米型のうつ病治療は、患者の「人間性」にはさほど注目せず、純粋に症状だけで分類して病名を特定します。発達障害を扱う五章で触れたDSMも、「こういう症状はありますか」のチェックリストにいくつ当てはまるかで誰でも診断ができるという、きわめて操作主義的（本質よりも手順を重視する立場）な分類表です。

まあDSMは「診断と統計のためのマニュアル」ですから、当然ですが、問題はこれが「治療のための」とはなっていないしところですね。

與那覇　お医者さんはそうした方針の大転換があったなら、世間一般にも伝わるようにちゃんと広めてくれないと、みんな誤解しちゃうわけですよ。その点で惜《お》しかったなと思うのは、二〇〇六年から続く『ツレがうつになりまして』（細川貂々）シリーズが、一一年に実写映画になりますよね。あれ、じつは患者さんのキャラクターがモデルと微妙に違うんです。

斎藤　そうなんですか？　たしか堺雅人さんが演じた……。

與那覇　ええ。堺さんの役は会社でクレーマー対応に疲れ果て、燃え尽きてうつになってしまう

80　精神科医の笠原嘉と木村敏が一九七五年に発表した、日本独自のうつ病分類。病前性格が非常に重視されている。

典型的な「メランコリー親和型」。しかし原作シリーズの一作である『イグアナの嫁』を読むと、実際には趣味の音楽で食べようとしてフリーランスで暮らした後に、事情がありサラリーマンとして再就職した職場でうつになっているんです。映画化を進めていた時期が新型うつ病叩きのピークだったので、おそらく見る人が感情移入しやすいように設定を調整したのでしょう。

当時としてはやむを得ざる配慮だったと思いますし、ぼくも共感できるシーンの多い映画で好きですが、「仕事一筋な人が、ギリギリ限界まで働いて過労でうつになるからこそ、立派であり同情される」といった固定観念を、払拭するチャンスを逃した面もあります。

斎藤　なるほど。同じ病名の患者さんですら、キャラや性格によって「社会に承認されるか否か」が隔てられてしまう。日本版の人間主義――「人間教」（一章）の持続力を見る思いです。

『プロジェクトX』から第二の電通事件へ

與那覇　人間教の負の側面を再考する機会を逸した点では、もうひとつあるんですよ。二〇〇〇年の電通裁判の最高裁判決は、正確にいうと三月二十四日。ところがなんと四日後の二十八日から、NHKで『プロジェクトX　挑戦者たち』が始まるんです。

電通判決の含意は、要するに「高度成長期の企業戦士的な働かせ方」は、もうやっちゃやだめだよということですね。社員がメランコリー親和型で「やり遂げるまで頑張る」と言ったからなんて主張しても、なにかあったら会社は免責されませんよと。従業員の「模範的な性格」に経営者が甘えてはいけませんという判決が出たのに、直後から「昭和の働き方、マンセー！」な礼賛番組が始まってしまう。ある意味でわずか四日で「平成」は終わったともいえます。

斎藤　なるほど。私もあの番組を楽しんで視ていた一人ですが、言われてみるとブラック企業的な価値観につながる面はありますね。国策ないしクライアントの「無茶ぶり」な要求を受けた日本企業の現場チームが、不眠不休の作業で新技術を開発し、期待に応えていったとする「往年の栄光」のストーリーが、毎週放映されて高い視聴率をとりました。

與那覇　そもそも毎週やれるほどうまいネタが転がっているはずはなく、内容を「盛った」事例が批判されて番組は二〇〇五年末で終わります。注目すべきは、これがちょうど新自由主義的だったとされる、小泉政権の期間とほぼ重なっていることです（三章）。

つまり「これからは自由競争だ！　能力や努力の差による格差は、ある程度やむを得ない」とされた時代の裏で、昭和的な人間教の発想は、解体されずむしろ強化されていた。ネット掲示板や出版界の一部で、「部落利権」「在日特権」といったマイノリティ叩きが始まったのも同じ時期。権利を主張できるのは「標準的な人間」で、かつ力がある者だけだ。それ以外は黙れという、アメリカでトランプ大統領が表明している態度は、日本のほうが先行していたと思います。

斎藤　ちょっとだけ弁護しておくと、『プロジェクトX』は必ずしも「気合いと根性で成果出した！」みたいなものばかりではなく、例えば沖縄で農作物に甚大な被害をもたらしていたウリミバエを「不妊虫放飼」（人工的に不妊化したウリミバエを大量に放すことで、絶滅させる手法）で根絶したという知恵と工夫で成功したエピソードも紹介されていて、そういう点は今でも評価しています。

それはともかく、小泉政権以降の新自由主義的な傾向が特異であったのはおっしゃるとおりで、ただアメリカと違っていたのは、経済至上主義的なベクトルよりも、がんばっている、気合いの入った人間が過大評価される傾向が強かった点でしょう。二〇〇五年に社会学者の本田由紀さんが造語した「ハイパー・メリトクラシー」が典型ですが、単純な業績や成果に加えて、人間力やコミュ力がエリートの条件になっていった。おそらくこの時期から、若者の間でもコミュ力偏重主義が急速に広がっていきます。

與那覇　結果として、最初に槍玉に挙げられた「標準でないくせに権利を主張するやつ」が新型うつ病で、続いたのが生活保護受給者へのバッシング、最新版が「LGBT支援は無駄だ」（二章）。そうした構図で一連の流れを捉えられるかが大事だと思うんです。

こうした目で見たとき、二〇一六年から盛り上がった高橋まつりさんの自殺をめぐる騒動は、きわめて残念なものでした。多かったのは遺族に「まじめで頑張り屋の子でした」などと喋らせて、電通を叩くパターンでしたが……。

斎藤　ここでも「彼女はメランコリー親和型だった。だから同情に値する」というわけですね。私も殺人事件や死亡事故のニュースで「明るくて快活な人でした」とするコメントを見る度に、つい「暗いやつだったら死んでもいいのか？」と思ってしまいます。

もうひとつ気になったのが、彼女の死を受けとめてどうするかというとき、「残業規制」の方向にのみ話が収斂《しゅうれん》していったことです。労基署が認定した時間外労働が直前の一か月で一〇〇時間強だったことを考えると、私は彼女を追いつめたのはフィジカルな負担の量よりも、周囲に人間らしく扱ってもらえないという尊厳や承認の問題だと思います（後述）。しかし、そちらにはメディアが光を当ててくれない。

與那覇　ここでも前章と同じ「人間教の再生産」が起きていると思います。彼女が「もう無理だ」と思った時点で精神科にかかり、うつ病の診断書をもらって休職していれば、かなりの確率で助かっていたはず。でも「あぁ、話題の新型うつ病か。サボる若者ね」のように見られることが耐えられない、まじめな人ほどそうできないわけです。

それを自殺した後でも「頑張り屋さんで偉かった」とは、どういう報道の姿勢かと唖然としました。犠牲者を川（＝過労）の中に放り込んで、「浮いてきたなら悪魔の証拠で死刑、沈んでいったら無実だけれども溺死」とか言っていた、西欧中世の魔女裁判とやっていることが変わらない。あなたたちみたいなのが死ぬまで追いつめたんでしょ、と言うほかはありません。

斎藤　同じ構図にはまっていきつつあるのが、電通事件もあって安倍政権が乗り出した働き方改革です。じつは私の近辺、つまり大学・医療・メディアの関係者と話していると、ほとんどの人が「残業規制は「いやいや働かされる人たち」の問題。我々は好きで働いているから、関係ない」といった反応を示すんです。

仮に学部長クラスの大学教授なら、完全に「好き」なペースで働けているとしても、その下についている准教授や助教が同じ条件なはずはない。それに「好きなことを仕事にしている」「使命感でやっている」というのは、ストップがかからない分危ないんですよ。

與那覇　医者や教師は「聖職」などと祭り上げられ、もともと過労になりやすい職種ですよね。だからこそ「まじめで頑張り屋」な人を惹きつけてしまって……。

斎藤　医学部受験で男子学生が優遇される不祥事が起きるのも、そのためなんです。異常な頑張り屋さんでなくても勤まる職場へと、医療を変えなくてはいけないのに、「女性にはこんな働き方は厳しいだろう」という間違った方向の配慮が働いてしまうわけです。

與那覇　ハゲタカファンドという用語が平成に定着しましたが、ぼくは「ハイエナコンサル」みたいな人々がいると思うんですよ。行政や財界に食い入る機会をずっと狙っていて、電通自殺のような騒ぎのたびに「俺たちはソリューションを知ってます！」と称して売り込むけど、だいたい間違っている。

今回の場合、ほんとうに人の死につけ込んでお金や名声に替えたわけだから、比喩でなくハイエナですね。ループを脱するために倒すべき「敵」を、あえてひとつだけ指摘しておくなら、そういう人たちだと思っています。

東大の文学部は役立たず？

與那覇　『東大を出たあの子は幸せになったのか』（樋田敦子）という、やや趣味の悪い題名の本が、母親への取材に基づいて高橋さんの事例も取り上げています。ひとことで言えば「地方出身の苦労人」。実家が裕福でないせいもあって、成績がよければ授業料免除が受けられる進路を選び、頭の良さに目をつけた中高の先生たちの支援で、なるべく塾を使わず東大に合格した。電通の内定研修でもそれをPRしたそうです。

逆にいうと電通という職場は、させていた残業の量自体は（よくも悪くも）「日本のサラリーマンなら割とある」くらいのものでしたけど、彼女が「努力の甲斐があった」と思える環境を準備できなかったということですよね。

斎藤　ええ。私が連想したのは、現皇后の雅子さまが皇太子妃時代、適応障害になってしまった状況です。エリート教育を受けて第一線の外交官として活躍していたにもかかわらず、「日本一の旧家」に嫁いだら、期待されるのは子作りと宮中祭祀だけで、過去のキャリアはまったく尊重されない。逆に皇后に即位して、海外首脳の接遇等で得意の語学力を生かせるようになってからは、表情も活き活きしてすっかり回復されたように見えます。

人間主義的な診断には「まじめなうつしか認めない」といった弊害がある一方、残業時間のような数字だけで判断するのも不十分なんですよ。前章で批判したセクハラ対策のマニュアルの問題と同じで、行動主義的な基準だけでは「妥当な職場環境か否か」は測れません。

與那覇　高橋さんの件が注目を集めたのは、彼女の写真がメディアで流布したことに加えて、本人がツイッターで精神的に追い込まれていく様子を綴っていたのが大きい。ただ実は、事件が話題になった後に一度、まさに同じツイッターが原因でバッシングも受けているんです。

炎上を招いた彼女の生前の書き込みは、主に①親のお金で私大の医学部に進んだ同世代の女性を見下した発言と、②「自分は東大卒だけど」と断ったうえで、ぶっちゃけ金のある年長者に扶養されて専業主婦になりたいとつぶやいたこと。「なんだこの上から目線女は」という感じで叩かれたわけですが、背景を考えるとむしろ悲痛ですよね。

彼女が訴えたかったのは「約束が違う」ということでしょう。苦学してもいい大学→いい会社と進めば、必ず見返りがあるとする「昭和的」な価値観に合わせてやってきたのに、おかしいよと。だから休職や離職という道を選べなかった。それは自分が信じてきた物語を捨てて、人生を丸ごとコースアウトしてしまうのと同義ですから。

斎藤　高橋さんに限らず、学生の間では「最初の就職先がすべて」という思い込みがいまも強く残っていますね。就職活動中に自殺念慮を抱く学生が、五人に一人もいるという調査もあるほどです。[81] もちろんこれは彼らのメンタルが弱いということではなくて、そういう強迫観念を刷り込んでしまう社会の構造自体に問題があると思います。

もっとも、昨今は転職支援の塾なども増えてきていて、昔ほど転職に抵抗がない、あるいは「キャリアアップのための転職」といった発想が広がりつつあるのは良い傾向だと思います。日本もそろそろ、終身雇用が当然の社会から、転職が当たり前の社会に変わるべきでしょう。

與那覇　その場合も「転職でこんなに成功した」みたいな宣伝法では逆効果で、むしろ失敗がスティグマにならない、キャリアにブランクがあっても大丈夫な社会を作らなくてはいけません。なかなか本気で思うのですが、高橋さんの事件の真の教訓は「電通は残業が多い」ではなく、彼女が卒業した「東大の文学部は役立たず」ということです。人文教育は何のためにあるのかと言ったら、コースアウトしても生きていくために決まってるじゃないですか。

ロースクールのような職業直結型の教育ではないからこそ、「終身雇用の制度はそもそもなぜあるのか？」「昭和の価値観、ないし近代的な成熟モデルは今日でも有効か？」といった問題を議論できる場所が、文学部なはずでしょう。思想家や芸術家には世の主流から外れて生きた人が多くいて、彼らの作品はいまも心を揺さぶる。そうした教養に触れておくことで、「働くことだけが人生の価値なのか？」「私を承認しない場所を離れたからって、それは悪いのか？」と考えるきっかけがつかめるはずだったのに、哲学科を出てもそれができなかった。

ぼくは一人くらい「今回の事件は、われわれの力不足を示すものだ」と述べる人文系の学者が出るのではと願ってましたけど、どうもいないらしい。そんな文系学部なら、解体されてもしかたないと思います。

斎藤　なるほど。ただ現在の人文系の学部教育は、そうした本質的な問いかけからどんどん遠ざかっているような印象もあります。悪い意味で価値中立的な、トリヴィアルな文献研究みたいなものばかりが尊重されているのではないか。與那覇さんは、いわばセーフティネットとしての「文化資本」（＝知識や教養）を伝える場として、大学の人文教育を再定義しようということですね。つけ加える点があるとすると、私は適切な「社会関係資本」（＝人的なつながり）が伴うことで、そうした素養は初めて機能するのだと考えています。

81　ＮＰＯ法人自殺対策支援センターライフリンク（代表・清水康之）「〝就活自殺〟の背景に迫る「就活に関わる意識調査」分析結果報告」二〇一三年十月（同ＮＰＯウェブサイトで公開）

與那覇さんにも体験があると思いますが、大学で教えていて思うのは、学生にとっては教員よりも「周囲の友人」からの影響の方が圧倒的に大きいということです。いくら教員が「日本型雇用は特殊だ」「人生には多様な選択肢があっていい」と言っても、就活を控えた学生の耳にはなかなか届かない。むしろ「あいつ学校辞めちゃったけど、ワルになるでもなく、結構楽しくやってるよな」みたいな知りあいが近くにいることの方が、助けになるかもしれません。

與那覇　おっしゃるとおりだと思います。実際にぼくもうつになった当初はパニックで、入院したときは正直「このまま俺は廃人になって死ぬんだな。周囲に笑われるよりは自殺しようかな」といった気持ちでした。そこから戻ってくる第一歩が、一章でヤンキー的な寛容と述べた、まさに社会関係資本による承認です。学者時代の文化資本に基づいて、またものを書いたり人前で話したりしているのは、あくまでも第二歩。

三章の末尾でもとりあげましたが、SNSのなかでは唯一「ニコニコ生放送で配信する」体験だけが、ひきこもりの脱却に役立つというのが斎藤さんの省察ですよね。それも、こうした問題と関連しませんか。

斎藤　まさにそうです。生主《なまぬし》になると自分の身体を映して、文字を書くのではなく「語る」やり方で他人とつながるので、文化資本の生産というより社会関係資本の構築に近づいていく。やはり身体性・現前性がないと、人間の承認欲求は満たされないんですよ。またニコ生は日本のネットでは相対的に、批判よりも応援するコメントがつきやすい媒体なのもあります。

與那覇さんは『知性は死なない』で言語と身体の「双方が大事」だと強調されましたが、やはり人間が健康に生きていくには、ふたつの資本が両方必要なんですね。とくにひきこもりやうつ病の治療では、患者さんの辛さに共感してくれるとともに、本人の思い込みとは異なる価値観も示してくれる人とのつながりが大切で、それこそが〈人薬〉なのだと感じています。

「リワークデイケア」流行の光と影

斎藤　回復のための「社会関係資本」を得ることができた場として、與那覇さんは同書で入院中の患者さんとのつきあいのほかに、二年間通われたデイケアの効用を書かれていますね。
　デイケアとは数人〜数十人くらいの規模の患者さんが通所し、共同作業を通じて社会性を回復するための施設で、総合病院（精神科）やメンタルクリニックが併設する形式が多い。最初は重度の統合失調症の人などに地域の居場所を提供するための機関として始まりましたが、近年ではうつ病で休職・離職した人の復職支援にも転用されるようになりました。
與那覇　はい。ぼくが通ったのは後者の「リワークデイケア」で、調べたところでは一九九七年に、NTT東日本関東病院が設けたプログラムが嚆矢《こうし》です。この段階では同院に入院中の利用者向けに、午前中のみで実施していたようなのですが、二〇〇五年にメディカルケア虎ノ門が「週五日・フルタイム型」で模擬職場的な場所に通う形式を始め、それが普及していきました。
　リワークに通ったのは二〇一五〜一七年だったので、昼食の時間に「電通の子もこういう場所に来れたら、ああまでならなくて済んだかも……」みたいな会話が出て、切なかった。単に知識として「うつ病は急増しており珍しくない」と知っているのと、実際に似た境遇の人が周りにいて「あ！　自分だけじゃないんだ」という身体感覚を得られるのとでは、患者にとっての意味がまったく違うんですね。

斎藤　オープンダイアローグを通じて対話が病気を治してゆくのも、同じ場を共有して身体が反応するという基盤があってこそで、やはりネット上のチャット等では難しいのだと思います。だから私はリワークも「一緒にいる」ことの効能がいちばん大事で、いささか失礼かもしれませんが、作業の内容自体は二の次でよいようにも思うのですが、いかがですか？

與那覇　ぼくの実感としては、原則的には賛成です。ただリワークによって考え方は相当異なるようで、一緒に通った人たちから他の施設の例もいろいろと聞きました。

あえて申しますが、やっぱり「両極端」はよくないなと感じます。一方の極は「とにかく預かってりゃいいんだろ」的な態度で、病名や症状の軽重がまったく異なる患者さんを一緒くたにして、時間を潰させているタイプ。もうひとつの極が「みなさんは休んでいるのではなく、仕事に戻るために特訓するんです！」といって、ひたすら職場の真似事をして、PC作業や「もし上司に怒られたら」的なロールプレイだけをやらせるタイプです。対照的なようでいて、どちらも利用者相互間の人的な紐帯――〈人薬〉の生成を援助する気がない点は同じなんですね。

斎藤　リワークは公的な医療保険の対象となっているので、相当数の患者さんが通院するだけでも「儲かる」側面があるのは事実なんです。私の耳にする範囲でも、すごく良心的にやっているなと思うクリニックが多い一方で、それはどうなんだと感じる事例もあります。

二章で言及した東畑開人さんの『居るのはつらいよ』では、沖縄の（就労を主目的としない、重度の患者さんが利用する）居場所型デイケアの日常を描いていましたが、途中からクリニックの方針が変わり、アジール（避難所）であるべき場所がアサイラム（収容所）になってしまったと書かれていましたね。

與那覇　東畑さんと対談した際にも議論したのですが、リワークデイケアでも類似の施設が増えた結果、「うちは復職成功率が何パーセント！」といった競争が始まっています。これ、一見よいことのようでいて、復職率だけ上げるのは実は簡単ですよね。なるだけ病状が軽く、手厚い福祉が受けられる大企業に離職せず籍を置いている「恵まれた条件の患者」だけを受け入れて、本当に困っている人は断って見捨てればいい。

　また難しい問題なのですが、いまは地方自治体が公営で営む精神保健福祉センターもデイケアを開設しています。しかし税金で運営される分、どうしても「誰の目にも役に立ってそうなこと」をする必要があって、毎日延々と計算ドリルを解かされるとか、個人情報保護を理由にニックネームで呼び合うことを強要されるとか。喫煙所でしか本名で自分の履歴や悩みを話せなくて、結局辞めてしまったという方にも出会いました。

斎藤　喫煙所がアジールになるとは、私も昔脱会者を治療したヤマギシ会などのカルトと同じですね。当時は社員研修でヤマギシ会に送り込み、洗脳させて使いやすい人材にするひどい企業が存在して、正気を保つことができたのは喫煙者だけだったという事例があったんです。

ダイバーシティ（多様性）こそがセーフティネット

與那覇　入院中にデイケアの選び方を相談したとき、あなたは元の仕事が特殊だから「ゆるい」感じのところがいいと。顧客を最初からホワイトカラーや官僚に絞って、オフィスワークの模擬練習に内容を限定しているリワークは、あまり向かないと言われました。それが〈人薬〉を得る上でも、ほんとうにいいアドバイスだったと思っています。

その後、地方大学を辞めることにして現地と東京と、双方のハローワークに通ったんですけど、痛感したのは都会の長所は「多様性」だということ。東京の都心部のハロワの利用者は年齢も性別も老若男女がそろっていて、スーツ姿からTシャツ一枚のヒップホップファッションまでバラバラ。誰が行っても「なんだ、俺だけじゃないじゃん」と思える環境なんです。

逆に地方のハローワークに行ったら、男はぼくだけで残りは全員中年女性。多くは主婦で、パートを替わりたいとか、子育てがひと段落してまた働きたいとかでしょう。高橋まつりさんが地元のハロワに行っていたとは思わないけど、仕事を辞めたら「そういう世界で浮きまくり、孤立無援になる」といった発想に、追いつめられてしまったのかなとも感じます。

斎藤　重要な視点ですね。巷《ちまた》で言われるダイバーシティの称揚は、すっかり形骸化して「きれいごと」になっている気がします。車椅子やLGBTといった「多数派が見て不快でない」人たちが包摂される一方で、ホームレスやアルコール依存症のような「負のスティグマ」を抱えた少数派は相変わらず自己責任論で排除される。「まじめなうつ病には同情するけど、新型うつ病は叩く」のと同じ構図が再生産されています。

與那覇　「なぜいまダイバーシティか？　多様性は国力を富ませるからです。テニスの大坂なおみ選手を見てください！」みたいなやつですね（苦笑）。自国に有益な人材は少数派でも優遇しようというのは、オスマン帝国のカピチュレーションとかと同じ単なる「恩典」です。前近代のいろんな王朝にあったもので、新しい人権でも何でもないですよ。

俺だけじゃないんだ。病気をしたり、職を失ったりして「もう価値がない」と思った自分でもここにいていいし、必ず誰かが声をかけてくれるんだと。そう感じられる環境こそがダイバーシティなのだから、「ハロワをインスタ映えする場所に」みたいなことが意外に大事なんです。ハイエナコンサルは決して、そういう「自分が映えない」話はしませんが。

斎藤　ダイバーシティこそが最も基礎的なセーフティネットだというのは、当たっていると思います。人間教が蔓延する日本だからこそ、病気や失業で（少なくとも一時的には）「機能しなく」なった人にも、社会に包摂され承認される権利があるんだということを、しっかり伝えていかないといけませんね。

與那覇　これまでの人権教育にも問題はあって、キラキラした話が好きだった点ではコンサルを笑えないところもあります。つい「こんな素晴らしい人がいた。しかし差別された。許せないですよね！」的な語り口で、往年の偉人を取り上げがちだったので……。

ぼくがダイバーシティや人権を考える素材として、いちばんいいなと思うのは伝記映画の『ラリー・フリント』（一九九六年）のワンシーンなんです。フリントは七〇年代に過激なエロ雑誌の

『ハスラー』を創刊したポルノ王で、反権力的でかっこいい面もあるけど、基本的にはゲスな商売をいっぱいやっている。まぁ普通の公教育の教科書には載らない人物です。

だけど彼が表現の自由をめぐって訴訟に臨むときに、弁護士につつかれて決め台詞を言うんですよ。「憲法が俺のようなクズを守るなら、社会のあらゆる人が守られるから」と。これこそが法の支配の本質であり、人間教にはないものなんです。そこまで立ち戻って考えなおさないと、なにをやってもループを繰り返すだけでしょうね。

斎藤　ひきこもり支援などを手掛けてきたドーナツトーク代表の田中俊英さんが「劣化する支援」について近年指摘しています。貧困や障害者を支援するNPOの人々が、本当にコアな弱者を無視した支援活動をしているのではないかと。

彼は「おしゃれNPO」といった表現をしていますが、弱者支援活動で承認欲求（三章参照）を満たそうという人が増えている状況への批判でしょう。そういう団体は真の弱者のほうを見ようとしないし、弱者の側も彼らを避けていく。こうした支援者が目指しているのは、彼らが扱いやすい弱者をエンパワーして成果を出した、という、まさに「キラキラした話」ですよね。支援現場の人間教です。彼らには若いニートの就労支援はできても、例えば中高年のひきこもりに腰を据えて関わり続けることは難しい。

しかし本質的な支援活動をしようというのなら、こちらが差し伸べた手に噛み付いてくるような、面倒な弱者までも視野に入れなければならない。フリントの決め台詞のように、法も福祉も本来、そうした弱者のためにも存在するのですから。ダイバーシティというキラキラした言葉を現場で活かすには、この言葉が本質的にはらんでしまう「痛さ」「醜悪さ」「厄介さ」「面倒臭さ」までレンジを広げないと嘘だと思うんです。そうした覚悟を維持するためにも、私たちは何度でも「個の尊厳の尊重」というシンプルな原理に立ち返る必要があると思います。

【この章のポイント】

この国の働きづらさを変えるには、残業時間のような量の問題だけでなく、「質」を問わなければ意味がない。個人の「性格・キャラ」に責任を帰属させがちな、日本人の思考の悪癖を反省し、「カッコよくない人」も含めて承認される多様性を築いていくことが、ほんとうの解決策だ。

終章　結局、他人は他人なの？——オープンダイアローグとコミュニズム

病んでいるのは「個人」か「社会」か

與那覇　うつ病や発達障害のような疾患から、「病気」とは言えないけれども多くの人が抱えている悩みまで、多様な切り口で進めてきた議論もいよいよ大詰めです。ふり返ったときに思うのは、患者／悩んでいる人といった「個人」だけを見て治そうとしても、問題は解決しない。むしろ個人が訴えるつらさや症状を、時代背景や周囲の環境と一体をなす連続した存在として捉えて、そうした「つながり」に働きかけることが大事なのではないか。

外科手術のように、病巣を一か所だけ切りとって治すという発想とは違うやり方が、いま求められているのだと。どのテーマを扱っても一貫して、そうした観点で論じてきました。

斎藤　『「社会的うつ病」の治し方』でも指摘したように、本人に投薬治療や精神療法を施すだけでは、心の病気を治すことは難しいんですね。精神病をむしろ「社会的な病」だと考えて、周囲の人間関係などの「社会環境」を調整することが必要だと、近年では強調しています。

與那覇　実はデイケアでＳＳＴ[82]をやっていたときに、忘れられないエピソードがあるんです。患者さんが「働いているときに苦しかった状況」をロールプレイで再現するのですが、どう考えても「病気」なのは患者を追いつめた人の方でしょ、という話がいっぱい出てくる。パワハラ上司とか、モンスタークレーマーとかですね。彼らに攻撃されてうつになるのは「普通の人」であって、ほんとうに治療が必要なのは相手の側なわけです（苦笑）。

　これって変じゃないですかと尋ねたところ、臨床心理士の答えが振るっていて、「たしかに上司やクレーマーがクリニックに来たら、病気と診断される可能性が高い。ただ彼らはたまたま、いまのところ地位や立場に守られていて〈本人が困難を感じていない〉から、来院せず、病気だと言われていないだけですよ」と。つまり誰が心の病気と呼ばれるのかは、しばしば当人の気質や症状以上に、社会で置かれている環境で決まるわけですね。

斎藤　医療関係者が「事例性の問題」と呼ぶものですね。典型は発達障害で、少し子どものふるまいが周囲と違っても、親が「この子の個性だから」と受け入れて何もしなければ事例化しません。しかし親御さんが過敏だったり、「発達障害バブル」的な言説に煽られたりして「うちの子は絶対おかしいから診てほしい！」と病院に連れてくると、「障害」として事例化することもあるわけです。

　心の病は①本人が苦しさを感じるか、②周囲が問題視しているか、という二重の基準によって、病気として発現するかどうかが決まる。その意味では「相対的なもの」なのですが、だからといって苦しさの度合いが低いわけではなく、レントゲン等で「客観的」に観察できる病気よりも、むしろ社会的な病であるからこその、深刻な苦痛や葛藤を引き起こすことがあります。

與那覇　ある社会では「きみはおかしい。病院に一度行くべきだ」と言われることが、他の社会では「こんなの常識。そっちが合わせろ」となっていることもありえると。

斎藤　その通りです。わかりやすいのは青少年のいじめで、アメリカなら加害者がパーソナリティ障害などを疑われて病院に連れていかれるケースでも、日本は逆に被害者だけが通院して「適応障害」などの診断を受けて終わりにされることが多い。つまり、いじめる側の「やんちゃ」は一過性のもので、大人になれば落ち着くだろう。だから病気とまで言うほどのことはないと、そう扱われがちな風土があるんですね。

與那覇　なにが病気と見なされるかは、裏返すと「なにが〈普通〉と見なされているか」とイコールですから、心の病を切り口とすることで、社会や文化の問題が見えてくる。気になるのは、本書のこうした認識が、どこまで治療者の側にフィードバックしているかなのですが……。

斎藤　これが大問題で、遺憾ながら精神科医の九割以上は、あくまで疾患を「脳の問題」としてのみ捉えて、薬物治療主義に閉じこもっている状況なんです。うつ病でも統合失調症でも、「この検査データがこうなっていたら確実にその病気」といったバイオマーカーは発見されていないのですが、頑《かたく》なに病因を脳に還元して、社会とのつながりを軽視する人が多い。学校や職場の人

82　Social Skills Training（社会技能訓練）。患者自身が苦手とするシチュエーションをシナリオに書き、他の患者と実際に演じてみた上で、相互にアドバイスしながら解決法を探っていく治療法。

間関係にちょっと介入するだけで解決できる問題もずいぶんあるのですが、そうしたケースワークが不得手な医師があまりにも多い印象です。

たとえばひきこもりを当人の家庭環境や、社会の雇用慣行との関係抜きに語るのは不可能でしょう。しかし、保険適用にするには「病気」にしないといけない、そのためには生物学的な病因がなくては……といった思考に行きがちなんです。私が厚労省の研究班で発言しても、「斎藤さんの議論は社会学寄りすぎる」と扱われがちで、結局は「ひきこもりは精神障害として治療可能」という主張が重用されがちです。もっとも最近は、ひきこもりの当事者たちがこうした傾向に反発しはじめていますし、さすがに厚労省も彼らの声は無視できなくなるでしょう。

與那覇　ぼくの前職の歴史学と似ていますね。あなたが戦国時代を研究し論文に書く行為自体に、明治以来の武士道の称揚とか、大河ドラマや司馬遼太郎が国民文化になった戦後のメディア環境の影響があるじゃないですかというと、だいたい怒られる。「私は一次史料から翻刻して、〈純粋に〉史実を明らかにしたんだ。社会学者ぶって失礼な解説をするな！」とか（苦笑）。

精神の病気にしても歴史のイメージにしても、「社会との関係で決まっている」というと、なぜかそれを「本当は存在しないニセモノだ」という意味にとられてしまうんですよね。

斎藤　ええ。そうした傾向を助長しているのがエビデンス主義で、「社会との相互作用」というのはなかなか統計になりにくい分野でしょう。いちばん大切な部分が「そんなのは社会学的な評論だ。エビデンスがない！」と攻撃され、逆に「脳ですべて決まっています」といった怪しい言説でも、写真や数値で〝データっぽい〟ものを添えれば流通してしまう。こういう倒錯が、いろんな分野に広がっているのではと危惧しています。

二〇一九年に『ネイチャー』誌で八百人ほどの科学者が「統計的有意」というコンセプトに異議申し立てをして話題になりました。[83] エビデンス主義はつまるところ統計至上主義であり、たとえば「Aという薬の有効性は、薬効のないプラシボBを投与した場合に比べて有意に高い」といった表現をするわけですが、調査対象者数を操作するなどすれば「有意差」があるかのような結果は割と簡単に導ける。この程度の根拠で「この疾患ではAを使うべき」などと決定するのはやりすぎである、ということです。

一方で心理療法などの薬物以外の治療法は、このタイプの統計的な検討がきわめて難しい。しかし「統計解析が難しいから効果は疑わしい」という考え方も、本末転倒と言わざるを得ません。

オープンダイアローグvs.PDCAサイクル

與那覇　斎藤さんが近年普及に努められ、この本でも何度か名前が出ているオープンダイアローグ（以下、OD）は、そうした日下の風潮への異議申し立てともいえそうです。つまり患者さん「個人」のデータをあれこれとって、この数字が低いからあの薬を飲ませようといった治療法で

83　Valentin Amrhein, Sander Greenland, Blake McShane, "Scientists rise up against statistical significance," *nature*, 20 MARCH 2019, https://www.nature.com/articles/d41586-019-00857-9

はない。むしろ、正反対の発想で治そうとする実践ですよね。

斎藤　おっしゃる通りです。ODは直訳すれば「開かれた対話」ですが、診察室で患者と二人きりで会話する従来の精神療法とは大きく異なります。患者さんとその家族、また精神科医だけではなく臨床心理士や看護師といった十名前後の関係者のグループが、一か所に集まり、なんども対話を重ねる。急性期には毎日、安定してきたら二〜四週間に一度のペースで、症状が改善するまで行うことが多いとされています。[84]

ポイントはこのとき対話を、あくまでも「対等」な立場で行うことです。医師は当然、精神医学に基づいてアドバイスしますけれども、それは患者に「従え」と命令するわけではない。患者や家族も、それぞれに思うことを言ってかまわない。

大事なのはこうした対話の結果として、患者とその周囲（家族や治療者）とのあいだの関係性が変化することなんです。一種の環境調整でもあります。『ナラティヴ・アプローチ』という論文集を編んだ野口裕二さん（医療社会学）は、ODを「ネットワークを治療チームの力で修復すること」と表現していますが、これが最も端的な定義だと思います。

與那覇　ぼくもクリニックにかかったとき、精神科医に「うつの治療法は、休養・投薬・環境調整の三つしかない」と言われました。もっともこれまでは環境調整と言うと、「残業は何時まで」「何か月休職」といった、仕事の量を減らすという意味にとられがちでしたよね。

斎藤　もちろん量的な調整も重要ですが、ODが想定している環境調整は、人間関係をめぐる質的な調整です。家族関係を中心としつつ、症状によっては職場や学校との関係も扱います。

與那覇　しかし、これまでも患者と家族がまとまって受診する「家族療法」はあったと思うのですが、どう違うのでしょう？

斎藤　たしかにODは家族療法を発展させてつくられた手法ですが、患者や家族をクリニックに呼び出すのではなく、しばしば治療チームが患者の家まで出向く点がまず違います。もちろん病棟や外来でやることもありますが、あまり場所を選ばないことが特徴です。

さらに重要な違いは「リフレクティング」（ノルウェーの精神科医、トム・アンデルセンが発案した家族療法の手法）を重視することです。従来の家族療法では、家族どうしが話しあう様子をマジックミラー越しに治療者が観察して、「母親のエゴが強すぎるのがこの家の病理かもしれない。次は「わが家の意思決定」をテーマに話し合ってもらおう」のような指示を出し、また話し合う様子を観察する、というスタイルがとられがちでした。

これに対しODでは、患者や家族の目の前で、治療チームが対話の感想や治療方針について話し合い、その様子を患者や家族に観察してもらうという場面を設けます。面白いのは、対面で「こういうやり方でどうですか」と直接アドバイスするより、目の前でいろんなアイディアを出してみせるほうが、患者は主体的に意思決定しやすくなるんですね。

與那覇　なるほど。それが「対等な」対話ということの意味なんですね。

斎藤　その通りです。ですので、ここが最も重要な点なのですが、ODでは治療者の側が一方的

84　より詳しくは斎藤環（著・訳）『オープンダイアローグとは何か』（医学書院、二〇一五年）を参照。

に「分析」や「評価」をしたり、治るためにはこれをやれといった「計画」を立てたりはしません。不確実に見えても、患者や家族と同じ目線で、相互の対話につきあっていく。

またODでは患者本人が了承すれば、家族以外のメンバーが参加できるのも特徴です。実際に上司や同僚、恋人や友人、学校の先生や（精神科以外の）かかりつけ医などが参加することもあります。

與那覇　「計画抜き」という点は、ぼくにはとても興味深い。つまり目下の企業社会で流布しているPDCAサイクル[85]的な発想ではなく、むしろそれへのアンチということですね。

斎藤　まさにそこがパラダイム・シフトで、同時に医学界の抵抗がもっとも大きいポイントです。「お前らは診断も治療計画も確定しないで、どうやって治療するんだ」と批判される。これまではまず患者の診断名を決めて、だから治すためにはこうしたコースを歩かせるべきだという治療計画を立て、プラン通りに遂行するのが精神科医の仕事だとされてきましたから。

與那覇　それをしないODはぶっちゃけ、患者とだべっているだけとは違うのかと。

斎藤　「だべっているだけ」というのはある意味で当たっているのですが、そもそも患者がどうやって良くなるのか、治療者に予測することはできないという認識にODは立っています。そして実際、むしろ予想を超えた展開が生じた際に、劇的に改善するケースが多いんです。

たとえばひきこもっていた患者が「自分は普通の就労よりもひきこもり支援をしてみたい」と言い始める。従来なら「それもいいけど、まずは経済的に自立してから」などと堅実路線を勧めそうになるのですが、あえて本人に任せてみる。もちろん本人の思い通りにもなりませんが、自分で軌道修正をしながらついには「ひきこもり新聞」というメディアを作ってしまったというケースがあります。こんな結果は誰一人、おそらく本人自身も予想していなかったでしょうが、最も望ましい結果になったわけです。定石通りに「段階的社会復帰」みたいなプランを一方的に立てて押しつけたのでは、生じ得なかった成果が出せるんですね。

対話が「主体性」を回復させる

與那覇　おそらく本書を読んで、ODを試してみたいと感じる患者さんや家族もいると思うので、きちんと確認しておきたいのですが、病名としてはどこまでが対象になるのでしょうか。最初は統合失調症の治療として始まったと聞きますが。

斎藤　私自身が確認した範囲では、統合失調症からうつ病まで、ほぼオールラウンドに効果が見られると思っています。もちろん、すでに述べたような対話に参加できる状態であることが条件ですが、例えば認知症患者の家庭で訪問ODをやって成果を出したという報告もあります。もともと話が通じにくいとされてきた統合失調症急性期を対象とする手法なので、ODが絶対に無理、ということはほぼありません。やってみたけれどなかなかうまくいかないので中断、と

85　Plan-Do-Check-Action の循環。つまり目標を立てた上で計画を遂行し、成果を確認した後に想定通りでなかった点への対策を講ずるという行動様式。平成期に大学など、営利事業以外の経営体にも広まった。

いうことはありますが。

あまり万能性を強調するとうさん臭く思われそうですが、ODの開発者であるフィンランドのヤーコ・セイックラ（臨床心理士）によれば、「依存症も治療できた」とのことです。先程触れたように認知症のBPSD[86]にも効いたという報告もありますが、これは治癒させたというより「ケア」の技法として有効だったという趣旨でしょう。

與那覇　ケアとは東畑開人さんが「セラピー」と対比しているもので、完治というゴールにたどり着かせるというより、一緒に居てあげることで「日常を送ることを可能にする」タイプのサポートですね。ODの場合、「治る」というのはどう定義されているのですか？

斎藤　統合失調症の場合は、妄想や幻聴がひとまず消えること。うつ病の場合は、意欲が回復して再び働き始めることができた、といったあたりになるのでしょうが、本人が「もう大丈夫」と判断した時点で終結、とすることが多いです。症状の改善を指標にするというよりは、主観的な「困りごと」の解消を目指すということに比重が置かれます。むろん、これを「完治」と呼べるかは議論もあるでしょうが。

私の勤務先のクリニックではODの予約が殺到したため、「一クール十回の設定で、治っても治らなくても十回で終結とします」というルールを設けたのですが、ほとんどの患者さんが十回以内に治るか、大幅に改善しています。

與那覇　大事なことなので再度確認しますが、居場所型デイケアのように「通い続けているかぎり、周囲から受けるケアの力で、患者さんの容態が安定している」のとは違って、ODが終わったあとでも、良好な状態は持続する。この理解でよいですか。

斎藤　はい。そもそもODは「主体性の回復」を重視しています。精神分析で見られる転移性治癒のような、「主治医に依存している」ため、依存できている間だけは元気」という状態ではなく、治療チームとの接触がなくなった後も効果が続くのが特徴です。

またよくある誤解として、「みんなでわいわい盛り上がったら元気が出たって話でしょ？」みたいに思われるんですが、そうではありません。むしろセッションの最中は全然効いてないように見えたのに、次のセッションまでのインターバルの期間に、統合失調症の患者さんが家庭で一切妄想を語らなくなった。そういった治り方が多いです。

與那覇　対話を通じて治す、というと「薬は一切いらない」といったまた別の先入見も招きそうに思いますが、ODを進めるあいだ、薬は併用するのでしょうか？

斎藤　併用します。と言うか、利用者はもともと投薬治療を受けていた人がほとんどなので、基本的にはそれまでの薬を継続した状態でODに取り組むことになるんですね。

ただ現時点では、あまりにも大量に薬を服用している場合、症状とともに脳の機能までも抑制している状態なので、ODの効果が出にくい印象があります。そういう場合は、積極的に減薬をすすめることもあります。

86　BPSD（Behavioral and Psychological Symptoms of Dementia）は認知症の「周辺症状」とも呼ばれ、記憶障害や見当識障害などの「中核症状」に対して、幻覚や妄想、徘徊などの症状を指す。

與那覇　最後に確認したいのは、患者さんに発達障害がある場合です。対人コミュニケーションが困難な症状を抱えている人の場合、「みんなで対話して治すんだよ。さあ、喋ろう」みたいな状況はかえって苦しいような気もするんですが、この点はいかがでしょう。

斎藤　それが、私が担当した発達障害を持っている患者さんの場合は、むしろよく効いたんです。ODを行う以前の問診では、「調子はどう。眠れてるの？」と聞いても「あんまり眠れてません」の一言しか返ってこない感じだったのですが、ODのセッションを重ねていくうちに、本人から自分の言葉で、抱えている悩みや生きづらさを喋るようになっていきました。

これも現時点での仮説なのですが、発達障害というラベルが貼られたために、本人と周囲がどちらも「どうせ、会話なんか成立しっこない」とあきらめてしまい、結果としてどんどん本人が「より発達障害っぽく」なっていたのだと思うのです。そうした状態がODによる対話の刺激を受けて、変わっていった。「自分だって話していいし、話したいんだ」という形で主体性が賦活《ふかつ》されていったのではないかと、考えているんですね。

ハーモニーでなくポリフォニーを

與那覇　丁寧に疑問に答えてくださり、ODが初耳だった方にもイメージが伝わったと思います。ここからは、そうした「対話を通じた回復」から、私たちはなにを受けとれるのか――まさに病気を切り口とする視点に立って、現時点では精神科の治療と無縁の読者にとっても、生きるうえで有益なメッセージを汲みとることを考えたいと思います。

出発点としたいのは、やはり本書の冒頭から考察してきた「人間教」の問題です。しっかり読んできた読者ほど、たとえば「みんなが車座で語りあえば、患者と周囲のギアが嚙みあって病気が治るって、人間教の「話せばわかる」じゃん。あなたたちは、それを批判していたはずでは？」と感じたかもしれない。ここはどう考えたらよいのでしょう。

斎藤　たしかに「関係者一同が対等に会話する」という外見だけを見ると、人間教やヤンキーカルチャーによくある「いっぺん無礼講で飲みにいけばみんな仲間」的なエートスと、混同してしまうかもしれません。しかし行われている対話の内実に注目すると、ＯＤではポリフォニー[87]（多声性）を大切にするのに対して、人間教的な「同じ釜の飯を食う」関係はハーモニー（調和）を志向しているので、まったく正反対のベクトルを持つことがわかります。

ポリフォニーとは、わかりやすく言い換えると、「他者の他者性」を理解するための言葉なんです。自分と相手との間には決定的な違いがあり、しかしどんな相手にも個別の尊厳が備わっていること。その他者の主体性は尊重すべきだし、自分の主体性もまた尊重されるべきであること――これらを身体的に理解することを通じて、主体性の回復が起こるのがＯＤの対話です。

一方で人間教の対話では、ハーモニーを乱すタイプの声は認められず、異論を排除する集団主

87　元来はロシアの批評家バフチンが、ドストエフスキーの文学性を評価するために用いた概念。単一の視点や価値観が優位になることなく、絶えず異なる立場と併存し、互いに相対化しあっている状態を指す。

義になりがちです。端的にいえば「ノリが悪い」「寒い」参加者、集団の中で機能していない人間は笑いものにされてしまい、尊厳を認めてもらえません。

與那覇　なるほど、理論的にはそういわれるとわかる気がします。もう少し具体的にというか、臨床の現場で起こった事例で説明していただくと、よりつかみやすいような。

斎藤　ひきこもりの子どもを持つ夫婦だと、子育てに対する意見が割れて、夫婦仲がこじれることがよくあります。ここでカウンセリングする際、「なんとか旦那さん（奥さん）と仲直りしてください」とハーモニーを押しつけてしまうと、かえってうまくいかないんですね。

むしろ意見の一致を目指さず、「どうしてここまで食い違ってしまったのか、考えてみませんか」というかたちで対話を続けていったほうが、子どもを思う気持ちはどちらも持っていたんだなとか、意外に一致するところが出てくるんです。性急にハーモニーを目指さず、あえてポリフォニーのまま対話を続けてこそ、逆に共感が生まれてくるというイメージです。

與那覇　本書の最初で「同意でなく共感を」という議論をしましたが、ODはこの発想をカウンセラーとクライアントの二者間ではなく、より多くのメンバーの相互関係に拡張する感じですね。

斎藤　ええ。従来も統合失調症の方の妄想を聞くコツとしては、同意でも反論でもなく、まさに共感を示すことが大切だとされてきました。「私はスパイ組織に監視されている」と語る患者さんに同意してはいけないけど、「そんなことがあるわけがない。あなたはそんなに重要人物なの？」のように接したら信頼関係を得られず、「あなたもスパイの一味なのか？」と、より妄想を悪化させてしまいます。

ではどうするかというと、同意はしないけれどもきちんとその話につきあって、「いつごろからスパイ組織の存在に気づきましたか？」「なにかスパイの特徴みたいなものはあるんですか？」と詳しく聞いていく。患者さんは最初、一生懸命説明してくれるのですが、しかし会話が続くうちに自分で話の矛盾点に気づいて、「ちょっとわからなくなってきました。考えすぎだったんですかね」と言い出したりするんです。一対一の診察だと、つい「それ、さっき言ってたことと違いますよね」などとつっこんでしまいがちですが、ODの場合は多対多の会話なので、論争的な雰囲気にはなりにくいんですね。むしろみんなで患者さんに、彼／彼女が住んでいる主観的な世界の様子を〈教えて〉もらおうという雰囲気が共有されやすい。

おそらく、「他者にもわかるように説明する」プロセス自体に、正常化の契機が埋め込まれているんだと思います。その契機を最大限に活かすためにこそ、「あなたの話は矛盾だらけだ」と他人が説得するのではなく、ひたすら本人の言葉に耳を傾ける。ODのルールでは、治療者が対話の流れを「意図的に誘導する」ことは禁じられていますが、ODの仕組み自体が患者の自発的な気づきを、誘導する構造になっているとは言えると思います。

精神分析的な西洋、OD的な日本？

與那覇　興味深いのは、患者に自発的に気づかせるというODの発想が、斎藤さんの従来のご専門だった精神分析と正反対に見えることです。フロイトにせよラカンにせよ、治療者が患者の無意識（＝本人には意識できていないこと）を解析して、「こうじゃないですか」と言葉で示してあげることで、患者が腑に落ちて治る。これが精神分析の発想ではなかったですか？

斎藤　無意識の葛藤や欲望を分析して言語化すれば「除反応」が起きて改善する。これが精神分析の基本的な発想ですが、ODがいちばん違うのは個人の心理を扱わないこと。無意識を解釈することも不安を与える恐れがあるので原則禁止です。

　また分析では一対一が基本ですが、ODは治療チーム対患者ネットワーク、つまり複数対複数で対話するわけです。実際にセイックラは対話とは本来n対nで行うのが〝自然〟であり、一対一でするのは〝不自然〟だと指摘しています。フロイト型のカウンセリングのルーツは、カトリック教会の告解室、つまり「信者が罪を告白して赦《ゆる》しを請う」というスタイルにあって、きわめて人工的なものなんですね。

　大事な悩みを話すときは「一対一」が当たり前だと考えがちですが、「医師と患者」「親と子」などでそれをやっていると、いつのまにか「神父と信徒」と同じヒエラルキーが生まれてしまう。そうした不自然な型は、キリスト教文化圏に特殊な歴史から来る負債だとするフーコー的な発想は、ODの背景にもあると思います。

與那覇　だとすると気になるのは、歴史的な文脈が異なる日本にODを持ち込んだ場合の問題です。実は先ほどの統合失調症の妄想と向きあう話を、日本固有の精神療法として知られる「森田療法」[88]を思い出しながら聞いていました。

　渡辺利夫さんの『神経症の時代』に詳しく描かれていますが、森田療法というのはしばしば誤解されているように、「力を抜いてリラックスする」治療法ではないんですね。むしろ一切の気晴らしを禁じることで、患者の意識を耳鳴りや不快感といった症状に、むりやり集中させる。すると最初はむちゃくちゃ苦しいんだけど、いつの間にかそういった症状が「ある」状態が本人にとっての自然になっちゃって、意識に上らなくなる。フロイトが無意識を意識化して治したのとはちょうど逆に、意識していた苦しさを無意識に押し込んじゃうことで治すんだと。

斎藤　なるほど。ODのうちフロイト的な治療モデルの「逆」を行こうとする部分は、たしかに森田療法が持っている「日本らしさ」と重なる面があるのかもしれません。もちろんそこで行われる対話が、人間教的な「飲み会ノリ」とは正反対であることを、忘れてはいけませんが。

ちなみに森田療法の「無意識化」というのは、「気にすまいとすればするほど気になる」的な精神交互作用、つまり過剰な意識化による悪循環を解除するための手法という側面もあるので、通常の「抑圧」のメカニズムとは異なります。ODにもそうした悪循環を解除する作用はありますが、こちらはもっぱらチームやネットワーク内に葛藤を分散・共有する方向でしょうか。

與那覇　ちょっと心配だなと思うのは、近年もスピリチュアル・ブームが言われるように、日本人には「自然」への志向が過剰なところがありませんか。分析医による徹底操作で、人工的に患者の無意識をコントロールし尽くして治す西洋型の発想も極端だけど、「近代医学はぜんぶニセ

88　森田正馬が大正期に開発した（今日でいう）神経症性うつ病・社交不安障害の治療法。積極的な行動をなにもしてはいけない「絶対臥褥」を通じて、症状を無意識に追いやった後に、徐々に生活習慣を回復させるもの。

モノで、生命を傷つけている」といった逆の極端も、それはそれでカルトなわけで……。

森田療法ですら対象は「軽度の不快感が長期間続く」タイプのうつ病で、身体症状をともなう重度のうつや、統合失調症・躁病には対応できないのに、メンタルの病気はすべて「座禅やヨガで"自然に"治る」みたいな言説が巷には溢れています。先ほどODで薬は併用するのか伺ったのも、こうした「薬はいらない」的な反近代主義との違いを明確にするためでした。

斎藤 それは重要な問題で、ODを試したいと主治医に相談したら、「あれは斎藤がやっているカルトだ」と止められたという事例はよく聞きます。一方で困ったことに「いま話題のODは、私がずっと実践してきた治療法です」と便乗してくる、本当にカルト的な人たちもいる。n対nのグループ療法なのに、「私は一人で施術できます」と主張したりして、もうその時点で怪しさ全開なのですが（苦笑）、知識がないとだまされてしまうかもしれません。

本来、ODのガイドラインはネットで無料公開されており、精神分析や投薬治療に比べても治療のプロセスがほとんど透明化されていて、カルトとは最も遠いものなんです。ODを偽装するカルトに対して警鐘を鳴らすことと、きちんと医学的な批判に堪える実績を積み重ねていくこと。その両方をやっていかなくてはと思っています。

自助グループから考える「対等」と「平等」

與那覇 カルトの話はさておき、ODの説明のうち治療者も患者・家族も「対等だ」という部分を聞いて、患者会のような自助グループを連想する人も多いと思います。治療者抜きで患者のみの「n対n」なら、昔から数多くあるわけですよね。

逆にいうとぼくとしては、対等ではあってもやっぱり治療者がメンバーに入る、そのことの意義が気になるのですが。

斎藤　大事なポイントですね。ODでいう対等がめざしているのは、あくまで対話の参加者のあいだに「力関係」の差を作らないことです。だから治療チームの内部でも、「医師＞心理士＞看護師」のようなヒエラルキーが生じないよう工夫します。

ですがそれは治療する側／される側という、「立場」の違いまで否定するものではありません。たとえばフェリックス・ガタリ[89]が勤務していたラ・ボルド病院（仏）では、スタッフと患者の区別自体を取り払った完全な平等を追求しました。ただ、それによって目覚ましい治療効果が出たという話は聞きません。

與那覇　この点に関心を持つのは昔、網野善彦の「無縁論」について研究したからなんです。つまり、一切の権力関係がない自由とか、階層性のない空間といったものが存在し得るのか。し得ないのはなぜで、それならどういった状態を理想とすべきか、という問題意識ですね。

ぼくの場合、入院とデイケアとで、それぞれに患者どうしで仲良くなったグループがいくつか

89　精神分析家（一九三〇～九二年）。ラカンに学ぶがのち反旗を翻し、『アンチ・オイディプス』などのドゥルーズとの共著を通じて、医師や分析家が一方的に患者を支配してしまう既存の精神医療のあり方を批判した。

あります。治療機関にいるうちは、医師や心理士の指示に従わないといけないから、これは上下関係がある。しかしその外部に出て、患者どうしという点で「完全に平等」になったらより理想的な関係になるかというと、これはうまくいく場合もあるし、結局喧嘩《けんか》別れみたいになっちゃうこともある。各地の自助グループも、似た悩みを抱えているみたいです。

その点で、対等さを原則としつつも「治療者」というポジションを置いているODは、どういった組織原理になっているのでしょうか。

斎藤　ODにおける治療者の役割は、ファシリテーターと呼ぶのが一番わかりやすいと思います。対話の流れを誘導しないとは言っても、各自が勝手に自分のことばかり喋っていたらケアになりにくいので、あくまでも対話の「焦点」は患者さんに当てて、彼／彼女の言葉をみんなでシェアする姿勢が求められます。積極的に「仕切り」はしないけど、焦点がずれそうになったら治療者が患者さんに質問し直すなどして、元に戻す。ここは、場合によっては雑談でもいっしょに居ること自体が意味を持つ自助グループとは、違う点だと思います。

また自助グループがよく遭遇する悩みに、メンバーの流動性との兼ねあいがあります。ずっと同じメンバーだとボスが生まれたりして、上下関係が固定化してしまいますが、定着する人がゼロだと安定した活動ができない。ODの場合は「治療チームはメンバーを変えてはいけない」というルールがあるので、いつも同じ顔ぶれで、患者が安心できる治療の場を継続的に保障することを優先しています。これを「心理的連続性」と呼んでいます。

與那覇　日本の場合、自助グループに参加している患者さんの割合はそう高くないと思うのですが、それでも治療における「インフォーマルな側面」というのは、やはりあると思うんです。デイケアの正式なプログラムの内側で、スタッフに「大丈夫ですよ。みんな悩んでますよ」とアドバイスしてもらうのは、フォーマルな治療ですね。しかしこれだと「本当かな。仕事だから優しく言ってくれただけじゃないかな」と疑ってしまうところもある（笑）。

逆に患者どうしで昼食をとっているとき、雑談の中で「自分もこういうことがあってさ」という話を聞くと、「俺だけじゃなかったんだ」と得心できる。そうしたインフォーマルゆえの治療効果を担保するための工夫が、ODにも埋め込まれているのかなと感じました。

斎藤　まさしくその通りで、ODでも患者の改善が起きるのは、先ほども述べたようにセッションとセッションとの「あいだ」、インターバルの期間なんですね。つまりフォーマルな場（セッション）と、インフォーマルな場（インターバル）の双方を当事者が往復することで、はじめて治療として成立するということだと思います。

自分と他人は「襞《ひだ》」をなしている

與那覇　『知性は死なない』でも触れましたが、先に名前を出した網野善彦は晩年、「コミュニズムを「共産主義」と訳したのが、歴史上最大の誤訳だ」と述べていました。とはいえ正しい訳を示さずに亡くなってしまうのですが、病気を経て、ぼくはこういう風に考えています。

対等な対話を掲げるODのプログラムでも、治療者と患者の立場の違いはあるし、また力関係に差をつけないとはいっても、医学的な知識の高低はやっぱり残りますよね。しかしそれを「不徹底な平等だ」と批判しても意味はなくて、むしろそうした差異が残っても実現しているものはなにか、と考えてみる。そこで見えてくるのは「他人が、その他者性を残しつつも、しかし他人でなくなっている瞬間」のようなものではないでしょうか。

　人類学者のヴィクター・ターナーは「コミュニタス」と呼びましたが、全体主義的に個人の意識が集団に溶けてしまう興奮状態ではなく、自他の違いが尊重されつつも、「あいつが楽しいんだったら、俺も楽しい」と自然に思える関係性。つまり「俺はしょせん病気の患者だ」「お前を治療してやっているんだ」みたいな意識がふっと消えて、参加者全員がおのずとよりよい状態を目指しつつ、しかし対話の「結論」をひとつに塗り込めない状態。これこそがコミュニズムの理想だとすれば、たしかに「共産」すなわち共同生産とはなんの関係もない（笑）。

斎藤　それは大変面白い発想だと思います。これまでも精神医学と思想・哲学の融合は、精神病理学という形でなされてきましたが、開祖の一人のヤスパース[90]が実存主義者だったように、考察を共同性ではなく「個人＝疑い得ない〝この私〟」から出発させがちだったんです。

　結果として彼が作ってしまった評判の悪い概念が「了解」であり、そこから派生した「了解不能」という言葉です。医師から見て訴えの内容が不明だし、本人（急性期の統合失調症の患者など）も自分でわかっていないだろう場合は「了解不能なので、保護室に隔離しよう」といった発想になってしまいやすい。でもそれは医師と患者が一対一で接するからで、n対nだとなんとかなったりするんですよ。

ＯＤを実施している最中に、患者さんが妄想的で支離滅裂な話しかしないような場合でも、家族とスタッフのあいだで本人の不安について話しているうちに、そこに本人が勝手に「乗っかってくる」かたちで、意外に普通の会話がはじまることがあります。自分に直接向けられた問いかけにはうまく応えられなくても、他者の対話に乗っかる形でならうまく喋れたりするんです。

人と人との「関係性」を中心におく新しい哲学の流れと、もう一度精神医学を接続するというアイディアは、大きな可能性に開かれています。

與那覇　たとえばドゥルーズ[91]が「襞《ひだ》」という比喩を使いますよね。複雑に折りたたまれて、どちらが外側か内側かわからない状態を指すものですが、ぼくの場合は病気を体験してたおかげで、やっと言いたいことがつかめたような気がしています。

自分と他人というのは、意外にシームレスなわけです。お店で自分がお気に入りの酒を飲んでいても、暗い顔で黙っている友達が傍にいたら、「どうしたの」と声をかけないとだんだん味がまずくなる。要するに他人（が感じていること）が襞のように、折りたたまれて自分（の内面、感じ方）にも含まれているから、そういう感覚が自然と湧くわけでしょう。

精神科医の内海健さんの『双極Ⅱ型障害という病』によると、躁うつ系の人には「世話焼き」

90　精神科医（一八八三～一九六九年）。ハイデガーやアーレントと交流を持つ哲学者でもあった。妻がユダヤ人だったためにナチス政権下で弾圧され、戦後に（西）ドイツの戦争責任論をリードしたことでも知られる。

91　哲学者（一九二五～九五年）。襞のほか、根茎（リゾーム）などの詩的な比喩を用いて、西洋近代的な啓蒙主義とは異なる思想の系譜をつなぐ独自の哲学史を構想した。ポスト構造主義の代表的理論家とされる。

が多いそうですが、これは襞が外側の方に大きく開いていて、他人が楽しくないと自分も楽しめない度合いが高いのだと思うんです。逆にたとえば発達障害の人が、周囲が引いているのにずっと話し続けたりしてしまうのは、襞の開き方が内側に偏っているのかもしれません。

斎藤　いちおう精神医学の見方では、じつは発達障害は（統合失調症と同様に）自己が外部に大きく開けていると考えます。與那覇さんがいま言った双極症の人の開け方は、「自分と同じように、他人も感じているだろうもの」としての〈意味〉を媒介して、他者に配慮するわけですが、自閉症の人はむしろ〈意味〉抜きで、ダイレクトに世界が自分の内側に飛び込んできてしまう。目にした数字が全部頭に残って、こびりついて離れないから暗記できちゃうといった事例ですね。

しかし病気を手がかりに「自己と他者」のあり方を考えることは、深い意味でのダイバーシティを実現する上でも大切です。肌の色や性の志向以上に、その人が周囲との関係性をどう感じているかはアイデンティティの一番の根幹で、かつ相互に摩擦が生じやすい部分ですから。

新自由主義は共産主義の「悪いとこどり」

與那覇　どういった社会が生きやすい、すなわち望ましい社会なのか。この問題をもう一度人間学、ないし人間どうしの関係論といった根底から考えることが、ぼくはいま求められていると思うんです。もはや「この国を見習えばいい」といった模範国は、世界に存在しませんから。

そうした目で見るとき、共産主義という意味でのコミュニズムはソ連の崩壊とともに滅んだとされるけど、ほんとうにそうなのか。「これからはアメリカ型の市場競争だ！」とする改革を平成のあいだやり続けた結果、大学教員までPDCAをやらされる現状があるわけですが、在職中に書かされた書類のほとんどは、旧ソ連の五か年計画みたいな書式でした（苦笑）。

斎藤　これが深刻な問題で、いまやカリキュラムを組む際も「学生のコンピテンシー（社会で活躍するために必要な力）をどう設定するか」といった、計画的な「企業努力」を求められます。大学のゼミナールは本来、教員をファシリテーターとするn対nの学びの場なのに、「計画通りに遂行できる教師が偉い」といった人事評価が行われるのは、ちょっと社会主義国のようですね。

PDCAの最大の弱点は「偶然性を取り込めない」ところで、事前に予測できないハプニングをプラスの結果（たとえば新たな学び）につなげる仕組みになっていません。また、プランを立てていないのに良い結果が出ると、人はどんどん楽観的になるのですが、逆にプランをしっかり立てると大概は予定通りに行かないので、治療者を「現場主義という名の悲観主義」に傾かせてしまいます。

與那覇　共産主義を理論的に批判した冷戦下の思想家にハイエク[92]がいますが、「設計主義は機能しない」とする彼の主張は、まさしくPDCAサイクルにもあてはまるわけですね。指導者があらかじめ「理想の計画」を立ててそれに実態を合わせるのではなく、「試しにやってみて、柔軟

92　経済学者（一八九九〜一九九二年）。ナチズムを逃れてウィーンからロンドンに移り、一九四四年の『隷従への道』では社会主義もまた全体主義につながると批判。以降は思想家として、自由な社会が機能する条件を探究した。

に修正できる」点にこそ、自由市場経済の長所があると唱えたわけですが……。

斎藤　おかしいのは「だから、もっと市場化を徹底しよう」とする新自由主義が導入されてずいぶん長いにもかかわらず、ＰＤＣＡの負の側面が強まるばかりで、弱まらないことですね。

與那覇　おそらく日本人は共産主義の教訓を取り違えていて、国家や経済のような「マクロなもの」を計画的に管理しようとしたから失敗しただけで、ミクロなレベルでなら「最強の自分」を設計することはできるんだと、いまも信じている。斎藤さんが批判してきた「操作主義」とは、いわば個人単位での設計主義ですが、それがむしろ「市場競争を生き抜くハイスペック人材になるツール」だとして、自己啓発やオンラインサロンで持てはやされています。

ポスト冷戦期と同義である平成の三十年間をふり返ったとき、皮肉なのは、われわれが資本主義の下で「共産主義の失敗」を繰り返していることですね。神の概念を解体したはずのマルクス主義が、「生産力さえ高めればすべてうまくいく」といった形で新しい〈神〉を作り出してしまったように、人間の概念を批判したポストモダンの反人間主義も、「ＡＩがすべて決めてくれる」といったまがいものの〈神〉に額《ぬか》ずく宗教になってしまいました。

斎藤　操作主義やＰＤＣＡがうまく行かないことに、薄々気づいている人は多いと思います。しかし、精神医療の現場だと認知行動療法がそうなのですが、やたらと「計画」の規模を小さく、細かくすることで「ほら！　できたじゃない」と成果が上がったことにしがちなんですね。「スモールステップの積み重ねが大事」といった言いまわしは、自己啓発本にもよく見られます。

もちろんそれで成果が上がっているのも事実ですから、全否定するつもりはないのですが、そこには長期的な展望は期待できない。ODがそうであるように、展望も計画もいらない、という方針ならいっそ清々しいのですが、短期改善の積み重ねというのはつまるところ、「今ここ」の過程に没頭させながら一定方向に誘導するという意味で、一番強力なパターナリズム（保守的な家父長主義）に通底しかねない点を危惧しています。それは與那覇さんが本書でも最初に指摘した、「歴史意識の喪失」ともパラレルな関係にありますね。

能力に応じてケアし、必要に応じてとる

與那覇　結果的に本書の対話も「ループもの」になって（苦笑）、議論の出発点に戻ってきました。ぼくは率直に言って、もう「共産主義的ではないコミュニズム」をどう構想するかということにしか、興味がないんです。網野善彦のような本物の歴史家であれば、その問いを中世の古文書のなかから考えられたわけですけど、ぼくはそこまで大した歴史学者ではなかったぶん、むしろ病気の体験の方からいま考えている。そういうことかなと思っています。

かつて輝かしかったコミュニズムのスローガンに、「能力に応じて働き、必要に応じてとる」がありますね。マルクスが『ゴータ綱領批判』（一八七五年成立）で述べたもので、いまはむしろ「そんな社会を作ったら、働かずにとるだけのフリーライダー（ただ乗り屋）だらけになるじゃないか」と、共産主義の空想性を嘲笑する根拠になっています。しかし元の文脈で読みなおすと、この命題は今日の社会でもいちばん大切な問題を扱っています。

そもそもこの標語は、ビスマルクの福祉政策に妥協しつつあったドイツの社会民主主義を批判するために、「平等」という概念を疑う文脈で出てくるんです。国家の力で再分配を強化すれば「平等な社会を作れる」とする主張に対して、そもそも平等ってなんなのだ？　と。

今日風にいうと、たとえば日本政府が国民全員に「平等」に給付金を配るとしましょう。しかし健常者と障害者に同じ金額を配っても、後者の方が生きていく上で絶対お金がかかりますから、じつは平等にはならない。かといって後者の給付額を割り増ししたら、前者は不公平だと感じるでしょう。「平等」を目標にするかぎり、必ずこうした袋小路に陥ってしまう。だから掲げるべきは「必要」なんだというのが、本来のコミュニズムだったと思います。

斎藤　近年はまさしく、政府が全国民に同一の金額を給付するという「ベーシックインカム（BI）」の議論が盛んですが、私が批判的なのも同じ理由なんです。BIは、①人々が必要としているのは結局お金だ、②どれくらいの額が必要かもだいたいみな同じだとする、きわめて画一化された人間観に基づく発想で、じつは多様性を軽視しているんですね。

もちろんフィンランドの実験のように、BIが経済的な不安を取り除いてくれれば、時間的にも余裕が生まれ、目先のニーズに追われることなく、自分にとって望ましい社会参加（就労を含む）のスタイルを考えることが可能になるという期待はあるでしょうし、そこまで否定するつもりはありませんが。いずれにしても、個人差を結果平等的に均一化しようとすると、カート・ヴォネガットが『プレイヤー・ピアノ』で描いてみせたような、男女の筋力を平等にすべく男性には常にウェイトを背負わせる、みたいな滑稽な光景になってしまうでしょう。

そもそもBIを実現するためには、財源として既存の社会保障を廃止することになります。もし公的な医療保険がなくなり、BIの給付額が同一であれば、貧しい人ほど「もったいないから」という理由で病院に行かなくなり、かつ先天的な障害等で医療機関の利用が従来多かった人は、暮らしていけなくなるでしょう。生活保護の制度が廃止され、BIが自動的に口座に振り込まれるのを待つだけになれば、役所のスタッフが困窮者の相談にのって、励ましたり、就労につなげようとしたりする営為もなくなってしまいます。

たしかに既存の福祉行政に、効率化すべき側面はあるでしょう。しかし人と人が対面しての接触を促すような制度の「冗長性」があることで、はじめてケアされている感覚を当事者が得られ、社会的な孤立やセルフネグレクトが防がれている点を、見落とすべきではないと思うんですね。

與那覇　大変重要な観点が最後に出てきたと思います。冗長性と聞くと、普通は「ムダ」の同義語だと理解されて、だったらなくせよと思われてしまう。しかし実際には人が生きていく、あるいは社会を維持する上で「冗長であることが必要」な場面が、多々あるのではないでしょうか。

計画なしの対話を何回も重ねるODを通じて、病者が回復してゆくのは、まさしく冗長性のなかでこそ「必要なもの」をつかみ取れるからだと思います。ぼくの体験からいうと、デイケアの空き時間やプログラムでボードゲームをやっていたときに、近いことを感じました。

斎藤　『知性は死なない』でも書かれていましたが、あの箇所は大変興味深く読みました。ゲームのような「遊び」を社会の役に立たせるというと、ついデジタルゲームのゲーミフィケーションのような、開発者があらかじめ目的を設定した上で、楽しさや報酬で「釣って」プレイヤーを動員する発想になりがちです。

つまり遊びだったはずのものが冗長性を失い、PDCAの一部に組み込まれてしまうのですが、與那覇さんはそれとは、まったく異なる体験を綴られていますね。

與那覇　ええ。デジタル系のゲーミフィケーションの価値を否定するわけではありませんが、アナログであるボードゲームの魅力は、そういった「設計者／プレイヤー」、ひいては「習熟者／素人」の垣根を、プレイを通じて溶かしていく点にあると感じたんです。

将棋で上級者が「飛車・角」を落とすのが典型ですが、アナログの場合は遊ぶ面子を見きわめて、その場ごとにルールを改変することがしばしば起きますよね。つまり優秀なデザイナーが設計して「あとは遊ぶだけ」ではなくて、「どうやったらもっと楽しめるか？」というメタ・ゲーム的なひと回り大きい問いが、現場で誘発されやすい。そして顔を突きあわせてプレイしますから、自分だけ盛り上がっても他の人が退屈していると楽しくないので、そのメタ・ゲームは「いかにして他の人と〝ともに〟自分も楽しむか」という方向に拡大します。

ぼくの実体験でいうと、たとえば発達障害っぽい患者さんが「そういう解釈は普通しないだろう」という形でルールを間違えたために、場がシラケてしまったことがありました。そのときはつい、内心で「なんだ、この人」と思ってしまったのですが、家に帰って寝ていたら反省すると同時に、気持ちが燃えてきたんですよ。次回こそ、そういう人でもミスなく楽しめるようにルールの説明を工夫して、「面白かった！」と思ってもらうぞと。

斎藤　それは、精神分析とODの対比にも関連すると思います。精神分析では、クライアントが

「言い間違い」のようなミスを犯した場合、その背景になにかトラウマがあるのではといった視点で、分析医の側が一方的に「隠された真理を探る」モードになりがちです。つまり、「有能な治療者／自覚のない患者」というヒエラルキーが再生産されるわけです。

これに対してODでは、予定調和的なゴールを設けていないぶん、ある意味で誰もが「ミス」をします。患者だけでなく、家族や治療者も、セッションが始まった時点では想定していなかった発言をしてしまう。しかしそれを誰かが責めたり、分析の対象にするのではなくて、むしろそうしたハプニングをきっかけに新しい局面（與那覇さんのいうメタ・ゲーム）を開くことで、結果的に全員の主体性を活性化していく発想なんですね。

與那覇　そうした関係のなかで「必要」が満たされる――デイケアのゲームの例では、発達障害圏の人でもわかるように伝えてもらえる。ODでいえば、患者さんが社会生活を送れる状態にまで回復できる。そして大事なのはこのとき、「優秀な私が、劣ったあなたを世話してあげている」とか「なんでここまで配慮しなきゃいけないんだ」とは、もはや参加者は感じていない。まさしく自然な形で、能力に応じてケアし、必要に応じてとっているわけです。

こうした意味でのコミュニズムは、別に市場経済と矛盾しないし、全体主義的な画一性に人を塗りこめたりもしない。そうした実践が社会のいろいろなところで、芽吹くようになるためにはどうすればよいか。すぐに答えは出ませんけれども、対話を通じてほんとうに多くの手がかりをいただいたと考えています。正直ますます、大学で歴史を教えている暇なんかないという気持ちになりましたね（笑）。

斎藤　いやいや、そこまで大学や歴史に見切りをつけなくてもよいと思いますが（苦笑）、久しぶりの対談を通じてこちらこそ、今後の治療に活かせるたくさんの貴重なヒントをもらいました。

本書の対話自体が、一年近くにわたる長期的なものであり、途中では脱線あり、しかしそこから見つかる新しい論点もありという、まさに冗長性やハプニングに満ちたものでしたね。そうした楽しさが読者のみなさんを誘発して、家庭や職場・学校、あるいは政治の現場などでも〈自然に〉――つまり本書の文脈で言うところの対話的な形で、広がることを願っています。

【この章の、そしてこの本のポイント】

自分の感情や内面には「他人」が折りたたまれて入っているから、どんな人でも周囲の人とともにしか、変わることはできない。ゆっくりと遠回りでいいから、参加している誰もが尊厳を否定されない、そこにいるだけで前よりも楽になれるような関係性を、対話を通じて作っていこう。

あとがき――斎藤環

対談の仕事は無数に引き受けてきたし、対談本も何冊か作ってきた。それでも本書ほど濃密なものは前例がない。なにしろ一回あたり四時間あまりの対談を五回、それもずっと喋り通しだったのだ。すべてテキストに起こしたら、確実に本書の三〜四倍の分量は喋っている。その内容をぐっと圧縮して、加筆修正をしたのが本書である。ひょっとしたら通常の単行本以上にさまざまなアイディアがつまっているかもしれない。

與那覇さんも「まえがき」に書いているように、本書は「対話」にはじまり「対話」に終わっている。ただし、ここでいう対話とは、合意や決定につながる対話ではない。自分と相手の違いをふまえて、それをさらに深掘りするようなやりとりを「対話」と呼んでいるからだ。與那覇さんが対談の冒頭で述べている「同意なき共感」も、対話の副産物として生ずるものである。

「対話」は合意を求めないが、共感は素直に口にしてよい。たとえば原発推進派と反対派がいたとして、両者の議論がずっと平行線のままだったとしよう。そんなときでも、推進派が反対派の不安に共感したり、反対派が推進派の挫折感に共感したりすることは十分に可能なはずだ。アタマが論争的になっている人は、相手を論破することしか考えていないから、どこまでも平行線になる。しかしひとたび「正しさ」へのこだわりを捨てられれば、対話はいつでも可能になるし、豊かな広がりを持ちうるだろう。本書のもくろみの一つは、そうした「結論の出ない対話」の価値を、対話を通じてさぐることだった。

本書に繰り返し出てくるキーワードに「人間教」がある。これは正確には、山本七平の「日本教」なのだが、あえて本書では人間教と呼んでいる。山本自身も、日本教とはつまるところ人間教であるとも述べているので、誤用ではない。

日本人は、なぜ無宗教と言われるのか。山本はその理由を、キリスト教や仏教、イスラム教すらも取り込んでしまうほど融通無碍《ゆうずうむげ》な「日本教」信者であるからだと指摘する。山本＝ベンダサンの「思想」は、政治的な部分も含め同意できないところが多々あるのだが、この「日本教」というアイディアについては、きわめて洗練された日本人論として、今なおその価値を失っていない。

ここでごく簡単に、私なりの「日本教」理解を述べておく。これは要するに、キリスト教的な意味での「超越性（＝神）」や「他者性」なしで世界観を構築するための〝信仰〟だ。「日本教」が重視するのは「自然」や「人間」といった概念だが、これらもかなり独特のもので、西欧的な概念とはへだたりがある。たとえば「自然」とは、キリスト教的世界観におけるような、人間が支配し管理する自然ではない。「自己の内心の秩序と社会秩序と自然秩序」をひとまとめにした言葉だ。日本人にとっては、こうした自然がそのまま、あるべき規範になるという。この意味で自然は、いわゆる「空気」にも通ずる重要な概念なのだが、ここでは深く立ち入らない。

それでは「人間」とは何か。山本はよく天秤《てんびん》の喩えで「人間」を語る。人間そのものは定義できない存在だが、それは天秤の支点である。天秤の片側には「実体語」が、もう片側には「空体語」が乗っていて、人間が両者のバランスをとっている。実体語は現実を指し、空体語は概念を指す。「敗戦」という実体語が、「一億玉砕」という空体語を伴っていたように。

率直に言えば、この天秤の比喩はやや素朴すぎるきらいがある。ただ、私のヤンキー論を補足する上では、かなり役に立った。ヤンキーは現実的な行動力もあるが、同時に意外なほどロマン主義者で「夢」や「絆」を語りたがる。むしろ彼らの行動力の源泉こそがロマン主義であるとすれば、彼らは山本の言う「純粋な人間」に近い、とすら言いうるだろう。

人間教においては、「人間」は「自然」と調和した関係のもとに置かれることが望ましい。人間教には善悪を定めるような教義や規範はないので、極端に言えば、たとえその人間が悪事を働いても、それが自然な流れならば肯定される場合がある。いじめ加害が「武勇伝」になったり、暴力団の炊き出しが普通のボランティア活動以上に評価されたりするのもこの流れである。そこでは「自然に機能する人間」こそが称賛される。反面、「自然」の調和から外れた人間、それを乱す人間は罰せられ、排除される。山本が「抗空気罪」と呼んだような罪だ。不正や悪事と縁がなくても、コミュニケーションが不得手だったりひきこもったりしている人は、自然との調和を乱した罪の名のもとで、排除されてしまいかねない。

與那覇さんと私は、本書の中で、一貫してこの「自然」に抵抗している。人間教を延命させている「自然」が、いまなお至るところに浸透しており、非合理的でしばしば非倫理的ですらある「空気」として、しばしば個人を抑圧していること。この点が繰り返し指摘されている。

ただし、注意しなければならないのは、私たちの批判する人間教が、しばしば「同意なき共感」の見かけを持ちうるという点だ。人間教そのものは規範もなくタブーもない。そこで重視される「自然」とは、清濁《せいだく》併せ呑むかのような曖昧さをはらんでおり、「自然（＝空気）」の共有は、しばしば共感と混同されやすい。その結果、「その場にいてはっきり反対を表明しなかった」ことが、共感＝同意と見なされてしまう。つまり人間教における意思決定は、むしろ「共感なき同意」としてなされてしまうのだ。私たちが重視する「同意なき共感」とは真逆である。

この「同意なき共感」という言葉は、本書のもう一つのテーマである「価値規範なき人間主義」につながっている。どういうことだろうか。

価値の追求がテクノロジーと結びつくとき、「人間」は「価値付けられた部分」の集合ないし集積体となる。たとえば「情報」に価値を置いてみよう。このとき人間は、たやすく情報ネットワークのノードの一つとなり、無数のデータやピクセルの集積となり、非人称的なデータフローの一部とみなされるだろう。

ある種の価値を偏重し、人間をその価値が実現されるための道具や場所であると見なすこと。たとえば経済なら「ホモ・エコノミクス（経済人）」、言語なら「語る存在（ラカン）」といった側面に注目し、その機能を分析すること。こうした細分化は「科学」には欠かせない。人間を部分の集積と見る視点がなければ「人間の科学」は成立しないからだ。

あるいはエビデンス主義を支える統計解析は、人間を集団における匿名《とくめい》の一要素と割り切る視点がなければ不可能である。つまり、人間という存在を「部分の集積」と見なすことと「集合の一部」と見なすことは、匿名化という意味で表裏一体なのである。しかし注意しよう。こうした匿名化を要請するのは、あくまでも科学や工学のパラダイムであり、そこから「人間」の普遍的な原則は導かれない、ということを。

ここで「人間主義」にフォーカスしてみたい。これまで「人間主義」という言葉は、きわめて多義的に用いられてきた。共通するのは、価値基準の出発点を「人間」に置くということだ。そこから出発して、理性が、実存が、労働が価値付けられることになる。

人間主義は二十世紀前半までは流行したが、若い世代はそこにともなう文学的曖昧さ、鈍重さに飽き足りなくなっていた。彼らが歓迎したのは、構造主義でありポスト構造主義であり、これらの思想はフランスで学生運動がピークを迎える一九六八年を境に世界の思想地図を塗り替えていった。そのスローガンのひとつが「人間の終焉」だったのである。

しかし一九六八年から半世紀が過ぎても、われわれはいまだ「人間」のままだ。AIだ、ポストヒューマンだとの掛け声だけはかまびすしいが、われわれの日常は半世紀前とほとんど変わらぬ〝人間的〟な日常である。この当然と言えば当然の前提をふまえて、いったいどんな提言が可能になるだろう。

それが対談の後半に出てくるキーワード「価値判断抜きの人間主義」である。

理性や実存、まして「自然」といったキーワードは、価値基準としては強すぎる。こうした発想は、非理性的に見える障がい者などのマイノリティを排除してしまいかねない。本書でも述べているように、私は「価値判断抜きの人間主義」における人間の条件を「統合性」におきたい。「個人」という一つのまとまりを持つ存在を、人間と見なすということ。「言語」や「理性」といった能力や条件はいったんカッコに入れて、この「まとまり」をこそ重視すること。

誤解なきように言い添えておくが、ここでいう「統合」は、「統合失調症」の統合とは関係がない。むしろ統合失調症の患者であっても、まとまりを持った、統合された存在と見なすための言葉である。

実はこの考えは、医療倫理学ではつとに知られた「バルセロナ宣言」（一九九八年）からの引用である。ちなみにこの宣言は、尊重されるべき人間の価値として「自律 Autonomy」「尊厳 Dignity」「不可侵性・統合性 Integrity」「脆弱性《ぜいじゃくせい》 Vulnerability」を挙げており、いずれも現代における「人間主義」と深い関わりを持つ。

人間を個として「統合された存在」であると考えること。ただし統合性そのものに価値があるわけではない。統合それ自体は、良いものでも悪いものでもないし、統合から悪が生まれることもあり得る。しかし統合性から出発することで、私たちはさまざまな価値に気づくことができるはずだ。個人の尊厳や自由、権利や自発性の価値を担保しているのも、つまるところはこの「統合性」ではないだろうか。

私たちが他者と出会い、互いにそれぞれの統合性を尊重し合うためになされる行為。それこそが「対話」である。対話においては「議論」や「説得」、あるいは「アドバイス」はタブーとされる。それは相手の存在の「統合性」を否定し、自分と同一の存在であることを強いる行為になりかねないからだ。これと同じ意味で、「正しいこと」や「客観的事実」をめぐる対話は、しばしばどちらかの、あるいは双方の「統合性」を傷つける。

では何を話題にすべきか。それぞれの「主観」である。それが傍目《はため》にはどれほどいびつなものに見えようとも、対話の出発点は常に「主観」であるべきなのだ。その意味で対話とは、主観と主観の交換でもある。たとえ相手の〝主観的〟な意見に同意できなくとも、私が〝主観的〟に同意していないことを穏やかに伝えつつ、「共感」可能なポイントを探ること。これも対話の一部となる。たとえば「親を殺したい」という訴えには同意はできないが、そう思うに至った過程については共感できる、というように。

対話においては、合意や調和（ハーモニー）を目指す必要はない。むしろ「違っていること」こそが歓迎される。共感を大切にしながらも、自分と相手の「違い」を掘り下げること。異なった意見が対立しあわずに共存している状態を、対話実践では「ポリフォニー」と呼ぶ。個人の統合性を傷つけないポリフォニーの空間において、ほんとうの意味での個人の主体性がもたらされる。これが対話実践の思想となる。そしておおむね、「結論」や「解決」は、主体性の回復のあとに勝手についてくるものなのだ。まるで予想もしなかった形で。

本書で批判されたのは、たとえば欧米的な「エビデンス主義」や「操作主義」であり、それとはベクトルが異なる「日本教」であった。私自身、そのいずれに対しても批判的な意見を持ってはいたが、與那覇さんの鋭敏なアンテナ感覚と明晰な状況整理によって、かなりクリアに問題意識が共有できたと思う。名著『知性は死なない』からもうかがえるように、與那覇さんは病を得た経験から、ご自身の身体感覚も動員しつつ時代や社会のさまざまな徴候をとらえていくスタイルを確立されたのではないか。私からは主に対話実践の臨床から、「対話」こそがそうした問題に対する処方箋ではないか、というアイディアを提供したのだが、当初の予想以上にさまざまな可能性が見えてきた。診察室に閉じこもっているだけでは見えてこなかった対話の社会的意義に気づかせてくれた與那覇さんに感謝したい。

本書の企画を打診されたのは、およそ一年前の二〇一九年四月だった。『「社会的うつ病」の治し方』などでお世話になった三辺直太さんには、新潮社で行った対談の設定から原稿のまとめに至るまで、ひとかたならぬお世話になった。ここに記して感謝したい。

【読書案内】

「対話」によって人間関係と自分自身を変えるための10冊――斎藤環

私は現在、医療を含む学際的な領域で「オープンダイアローグ（以下ＯＤ）」の普及啓発に勤しんでいる。ＯＤはフィンランドで開発された精神病のケア技法であり、同時にケア提供システムであり思想でもあるのだが、単なる治療法と誤解されてしまうのはあまりにも惜しい。対話で人間が変わるという、掛け値なしに奇跡的な現象の解明に、オープンダイアローグ研究は大いに寄与すると考えている。

以下、対話を考える上で、私が大切に考えている本を紹介していきたい。どの本も、さきに述べた「奇跡的な現象」を理解する上で、多くのヒントを与えてくれるだろう。私自身が関わった本がどうしても入ってしまうことはテーマの性質上、ご寛恕願いたい。

①Ｊ・セイックラ、Ｔ・アーンキル『オープンダイアローグ』高木俊介ほか訳（日本評論社、二〇一六年）

②Ｊ・セイックラ、Ｔ・アーンキル『開かれた対話と未来』斎藤環監訳（医学書院、二〇一九年）

この二冊は、現時点で入手可能なODの原典の翻訳である。①の原本は②の十年ほど前に出版されており、入門書的な内容となっている。②はODの手法よりも背景にある思想や、対話実践をいかに普及させるかという内容に比重がある。キーワードは「他者の他者性」であり、ODの手法全体が徹底して「他者性の尊重」に照準されていることがよくわかる。ODの有効性は、治療者側が、クライアントという他者とともに変化し「他者になる」ことによるのではないか。いずれも滋味に溢れた名著であるが、必ずしもわかりやすい本ではない。とりあえずODを手軽に理解したいという方には、拙著『オープンダイアローグとは何か』(医学書院)をお勧めしておく。

③T・アンデルセン『リフレクティング・プロセス』鈴木浩二監訳(金剛出版、二〇一五年)
④矢原隆行『リフレクティング』(ナカニシヤ出版、二〇一六年)

ODにおいて、手法のみならず思想上の重要な支柱の一つが「リフレクティング」である。リフレクティングは家族療法から派生した技法のひとつで、ノルウェーの家族療法家、トム・アンデルセンとその同僚が開発した。患者や家族の訴えを聞き、当事者の目の前で専門家同士が意見交換をし、それに対して患者や家族が感想を述べる。ごく簡単に言えば、この過程を繰り返すことがODにおけるリフレクティングだ。具体的には、当事者の目の前で当事者のうわさ話をしているようなイメージである。参加者の内的対話が活性化され、評価や提案が受け入れやすくなり、意思決定がしやすくなるなど、さまざまな効用が実証されている。会議や教育現場などでも手軽に応用でき、その効果を実感できるだろう。③はアンデルセンによる原典であるが、日本におけるリフレクティングの第一人者、矢原隆行による④も、単なる入門書を越えた奥行きを持つ本である。

⑤M・バフチン『ドストエフスキーの詩学』望月哲男ほか訳（ちくま学芸文庫、一九九五年）

ODの開発に際して、セイックラは思想家バフチンの視点を大々的に導入した。バフチンのポリフォニー論の中核にあるのは、独自の他者論である。私と他者との間には決定的な断絶があり、他者には他者だけの固有の視点、固有の主観があるとされる。だからこそ対話が可能となる、とバフチンは考える。このとき対話とは、他者の他者性、すなわち「私」との異質性を尊重し、歓迎することに終始する。「違い」を無理に同一化や調和として収束させず、多声的な「違い」の並立を尊重すること。この姿勢が対話に余白をもたらし、その余白において主体的な変化が生ずる。「会話」がシンフォニーを志向するなら、「対話」はポリフォニーを重視するのである。

⑥G・ベイトソン『精神の生態学』佐藤良明訳（新思索社、二〇〇〇年）

ODのルーツの一つがシステム論的家族療法であることは良く知られている。家族全体を一つのシステムと捉え、たとえば患者の症状はそのシステムの安定に寄与している、とするような考え方である。それゆえ、システムの作動に介入することで、患者の症状も変化することが期待できる。

こうした発想の起源の一つが、ベイトソンのダブルバインド理論である。「愛している」と言いながら足を踏んづけるような行為は、矛盾するメッセージとメタメッセージの間に患者を釘付けにする。ODが患者本人のみならずその家族や知人にも介入する意義は、こうしたダブルバインドをはじめとする関係性のねじれやゆがみを修復するところにもある。ベイトソンのアイディアとしては、ほかに学習Ⅰ〜Ⅲの分類など、ODの発展に寄与しそうなものが少なくない。

⑦H・S・サリヴァン『精神医学は対人関係論である』中井久夫ほか訳（みすず書房、一九九〇年）

サリヴァンは、学派としては新フロイト派に属するアメリカの精神科医である。セイックラは言及していないが、サリヴァンの業績はかなりの程度、ODと重なるところがある。向精神薬が普及する以前にあって、統合失調症の心理療法に成果を挙げたことで知られるが、その理論は徹底して対人関係を重視するものだった。また精神疾患を予防する上で社会科学の重要性を提唱した点も特筆すべきである。後述する中井久夫とともに、統合失調症が人間的過程であることを重視し、言葉を重視した治療を行った点、良く知られている「参与しながらの観察」という発想など、ODにも通ずる視点は多い。今後対話実践が普及するなかで、サリヴァンの再評価が進むことは確実だろう。

⑧中井久夫『治療文化論』（岩波現代文庫、二〇〇一年）

統合失調症の寛解過程論や風景構成法の創案で知られる中井だが、彼は統合失調症を「孤高の他者」と祭り上げてきた精神病理学の中にあって、この疾患への脆弱性を多くの人が共有している可能性や、彼らがいかに「困難な状況の渦中にあるまともな人」であるかを一貫して説いてきた。本書は「個人症候群」と「治療文化」という独創的な視点からなされる、壮大な比較文化論の試みでもあるが、妖精と暮らす少女の話、海外生活における独り言の効用など、印象的なエピソードがいくつもちりばめられている。クライマックスは著者自身を素材にしたとおぼしい症例報告で、ある個人を取り巻く親密圏のダイナミズムが活写される。おそらくここに示されるものが「ネットワーク」の価値であろう。

⑨神田橋條治『技を育む』（中山書店、二〇一一年）

神田橋は統合失調症の治療における「自閉の利用」で知られる精神療法のカリスマである。

ある学会で彼にODの感想を求めたところ「それは効くだろうね、(急性期は)いちばん開いているときだから」と即答されて唖然とした。フィンランドのスタッフが言う「急性期は窓が開いている」という本質を瞬時に言い当てられたのだ。本書には彼の名人芸と言うべき対話技法のヒントが凝縮されている。「邪気」とか「Oリングテスト」とかのオカルト風味は話半分に聴くにしても、本書には良き対話のヒントがいくつもちりばめられている。

⑩國分功一郎『中動態の世界』(医学書院、二〇一七年)

本書は、思想界のみならず、多くの臨床家や対人援助職に感銘を与えた。冒頭にある依存症者との会話を読めば、その理由がわかる。「依存症は自己責任」とする批判は、依存が「能動」であるとみなすことからはじまっている。しかし依存症は「能動」や「受動」で語れない。飲酒は意志的な選択によるものでも、ただ病気によって強いられるものでもない。本人の意志とは無関係に、その過程に取り込まれて起こる現象なのだから。

言語にはもともと、受動でも能動でもない中動態が存在した。本書では中動態の例として、「できあがる」「欲する」「惚れ込む」「希望する」などが挙げられているが、これは、主語がその過程の中にあるような動詞であるためだ(能動態の動詞は主語の外で完結する)。この意味では、対話も中動態的である。うかつに使えば免責の論理に転用されるリスクもあるが、対話や支援を考える場合に、中動態の哲学は間違いなく重要な補助線となるだろう。

【読書案内】

重い病気のあとで新しい人生をはじめるのに役立った10冊──與那覇潤

アジールの原理を探して

「ここは無縁所だな──」

二〇一五年の三月、ある大学病院の精神科に入院して意識の回復をみたとき、最初に思いついたのはそれでした。「意識の回復」といっても、オーバードーズで記憶が飛んでいるといったことではありません。思考に靄《もや》がかかり、目や耳から入ってきたことばの意味が脳裏に浮かばず、自分の頭が自分のものとは思えない。そうした重度のうつ状態が、ようやく薄れてきたという意味です。

無縁所とは、日本中世史の大家だった**網野善彦**が①**『無縁・公界・楽』**（平凡社ライブラリー、**原著一九七八年**）で用いた概念で、一般にはアジール（避難所）の同義語だと解釈されます。外部の世界では差別や迫害にあう人びとが逃げ込んで、マイノリティどうしの結束による自治を営むイメージでしょうか。そうした同書の描写は『吉原御免状』（隆慶一郎著、原著一九八六年）の遊郭や、『もののけ姫』（宮崎駿監督、一九九七年）のたたら場の造形に影響を与えると同時に、被差別民の実態を美化しすぎているとして、他の歴史学者から猛烈な批判にさらされもしました。

しかし学者時代に同書を論じたことのある私が思い出したのは、ロマン主義的なコミューンの幻想とは少し違うことです（『荒れ野の六十年』勉誠出版、二〇二〇年に再録）。病院では自分から名乗らないかぎり、入院前の職業や専門とは縁が切れている――つまり、無縁である。私であれば大学の准教授をしていたとか、何冊かの歴史書を書いたことがあるとか、そういった「業績」めいたこととは切り離された状態で、いま他の人と話をしたり聞いたりしている。それは、かなり貴重な体験ではないだろうか。

無縁所の外側で、私たちは普段「俺はこのような実績のある人間であり、だから俺の話は聞くに値する」という発想で、つまり自分の過去と有縁《うえん》――関連づけることで人に物事を伝えようとしている。しかしいくらそうしても、話が通じないときは通じない。逆にそうした縁をすべて断ち切ったところから、新しいかたちの人との関係が生まれることがある。それが網野さんの真意ではなかったかという気持ちが、ふっと湧いたのでした。

二か月ほどして退院した後は、メンタルクリニックが開設するリワークデイケアに通いました。デイケアについて知るには、臨床心理士としての勤務体験をつづった**東畑開人**さんの

②**『居るのはつらいよ』**（**医学書院、二〇一九年**）がよいでしょう。厳密にいうと同書の舞台は、就労が困難な重度の病者を受けいれる「居場所型デイケア」で、復職・再就職の支援を主務

とするリワークとは異なりますが、双方に、というかむしろ生活のために特定の場所に「居る」人すべて——つまり万人に共通する教訓が汲みとられています。

著者の東畑さんとの対談でも話題になりましたが、それは時間のとらえ方に関わっています。「時間は本来、時計で測れる客観的なものではなく、主観的に流れる」といった哲学的な考察は、健康なときに勉強してもさほど得心しないのですが、うつ状態では文字通りの実感に変わる。無意識のうちにこなしていた日常の些事《さじ》（食事・洗濯等）が、異様なほどの長時間を要する労役に感じられると同時に、布団の中で恐怖におびえて震えているだけで、「一瞬」のうちに日が暮れてしまったりするからです。

「これだけ実績のある俺に、相応しい待遇はこうだ」として自己を過去と有縁づける論理の裏には、人は業績を積み上げて日々ステップアップしていくという直線的な時間像——わかりやすく言えば、自己啓発本がうたう「成長」のイメージがあります。もちろん、それが無意味なわけではない。しかしそれは、人間が体験する時間や自己のすべてでもないのです。

そこに無縁という、オルタナティヴな（＝もうひとつの）人間関係の原理がかかわってくる。東畑さんがやはり、デイケアが果たすべき機能を「アジール」と呼ぶ理由でもあるのでしょう。

回復はイメージとともに

デイケアに通い始めてもしばらくは、うつの作用で活字が読めない（識字能力は残っているが、読んだ文章の意味がわからない）状態が続いたので、思い切ってしばらくはマンガを読んでいました。ストーリー性が強い作品は、活字の小説と同様に脳がついていきにくいので、とにかく絵柄（イメージ）が気に入ったものを選んで、作中の世界に没頭する。短編集や連作4コマの形式を狙うのも、いま病気に悩んでいる方にはおすすめできると思います。

独特のタッチが昔から好きだった冬目景さんの作品は、完結しているものはほぼすべて読みましたが、ひとつあげるなら③『ACONY』（講談社、全三巻。二〇〇九～一〇年）です。今日まで残存した同潤会アパート（大正モダンの時期に建設された、マンションの走り）という、いわば「時間が止まった」かのような空間を舞台に、思春期の少年少女と各種のもののけ――生者とは異なる時間を生きる人びとの交流を描いています。

ネタバレにならないよう詳述は避けますが、「流れる時間が遅い」ことは、ほんとうに成長にとってマイナスなのか。むしろ複数の時間を生きている人どうしの交わりこそが、人生において豊かな成熟をもたらすのではないか。そうした温かいメッセージを感じる作品です。「アジール」の具体像がなかなか浮かばないという方にも、まずは本書をおすすめします。

戦争協力やナショナリズム、あるいはエゴイズムの主題をあつかうため、中盤以降はグロテスクな描写が多くなり病中の方にはすすめられないのですが、清家雪子さんの④『月に吠えらんねえ』（講談社、全十一巻。二〇一四～一九年）の序盤も心に残りました。□《しかく》街（詩・歌・句の町、の意）という、日本近代の詩人・歌人をモチーフとしたキャラクターが暮らす架空の世界を舞台に、彼らの自意識やトラウマがユーモラスに描かれています。

たとえば「抒情歌の達人」とされる詩人は、たんに好色だったのかもしれないし、「薄命の天才」と呼ばれる作家が、メンタルを病んでいた可能性もかなり高い。それを、昨今流行のキャラ化（イケメン化や美少女化）の手法でカリカチュアしてしまうのではなく、本人の詩作やテキストを豊富に読解・引用しながら、深い敬意と愛情をもってオリジナルの作中人物に反映させてゆく手つきに共感を覚えました。たんなる既成の史実のデータベースではなく、改めてもう一度「生きなおす」対象として歴史をあつかう感性が、サブカルチャーの世界に残っているのは嬉しいことです。

もともと活字を読み書きする仕事だった研究者が、病気の症状のためにマンガしか読めないでいる。こうした状態では当然、「能力」ということについても考えざるを得ません。格好のヒントになるエピソードは、**逢坂八代**さんの⑤**『瑠璃宮夢幻古物店』**（**双葉社、全七巻。二〇一四～一八年**）に入っていました。第六巻収録の第三十八話です。

本作は呪いめいた謎の力をもつアンティークが、持ち主のエゴと結びついて悲喜劇を巻き起こす様子を、骨董品ひとつにつき原則一話の形式で描く連作で、星新一のショートショートのような味わいがあります。今回登場するのは持っているだけで「勝ちを呼び込む」という、ドーピング級の効果をもつメダル。しかし逆にいうと持ち続けるかぎり、「ほんとうは自分は無能で、メダルの力で勝っているだけかも」という猜疑心にさいなまれる。さて、あなたならこの品物、どうしますか？

平成の三十年（と四か月）のあいだには「能力のある個人を伸ばし、その力で社会全体を引っ張る」とする発想が、雇用改革や文教政策までの広い分野を席巻し、「それは弱肉強食の新自由主義だ」といった反発も招きました。しかし、能力とはそもそも「誰か」が保有できるものなのか。たんに結果が判明した後に、これはあの人が有能（無能）だったせいだ「ということにしよう」として責任の帰属先を決める、約束事があるにすぎないのではないか。そんなことを考えさせられます。この回を国語ないし道徳の教科書に丸ごと収録するだけで、令和は生きやすい時代となるでしょう。

人生で出会う問いたち

私はいま、「能力のコミュニズム」ということを言っています。冷戦下――昭和の時代に世界の半分を支配した、あらゆる会社を国営企業にし、土地を収公して国有にする「財産のコミュニズム」は、暴力装置としての国家を肥大化させるだけの失敗に終わりました。しかし共有ではなく強い個人だ、けっきょく人は私利私欲でしか動かないとするシニシズムも、たいしたものを生まないことは平成のあいだに証明されています。

ようやく活字が読めるようになった後、いちばん励まされた本は、経済学者の**青木昌彦**さんの自伝⑥**『私の履歴書　人生越境ゲーム』（日本経済新聞出版社、二〇〇八年）**でした。留置場に入れられた際の描写から始まるとおり、青木さんはもともと、六〇年安保の際に学生運動を主導したブント（共産主義者同盟）の若き指導部。運動体が崩壊したのち、マルクス経済学から近代経済学に「転向」して渡米し、歴史や制度といった市場合理性では説明しにくい問題を、ゲーム理論に基づいて数式化する世界的な業績を上げた——というのが、一般的な理解でしょう。

もちろんそれが間違っているわけではなく、多くの伝説的な学者たちとの親交も含めて、本書にもそうした学問的な軌跡は記されています。しかしより強く印象に残るのは、青木さんが最後まで、なによりも「自由」を大事にする人だったということ。ひとりひとりが創造的に振る舞える環境であれば、どこにでも足を運んだし、逆に個人を集団に同化させようとする画一化の圧力が忍び寄ってきた際には、反政府の運動であれ国のシンクタンクであれ、きっぱり手を切った。思わず快哉《かいさい》を叫びたくなる生きざまです。

青木さんには一度だけお目にかかり、また私の書いたものについてご批判をいただいたのもあって、以降拙著をお送りしたこともありました。二〇一五年の七月に亡くなられたため、もう、そうした献本をさせていただけないのが心残りです。

人生つながりでは、**西尾幹二**さんの⑦**『人生について』（新潮文庫。原著二〇〇五年）**も忘れがたい読書になりました。保守の論客として知られ、平成なかばには「新しい歴史教科書をつくる会」の会長を務めたために、歴史学者にこれほど忌《い》み嫌われた研究者もいないでしょう。本書も終盤でフェミニズムをあてこするあたりは、個人的にあまり共感をしないのですが、それだけで読まないのはもったいないない好著です。

本書では怒り・虚栄・孤独……など一章にひとつずつ、人生で直面する感情や境遇がとりあげられ、「深く掘り下げると、それはそもそもいかなる事態であるのか」が検討されます。

たとえば、怒りとはなにか。ふつうはなんとなく「褒《ほ》められると喜び、けなされると怒る」と考えますが、勤務先の会社名ばかりを立派だと褒められたら、多くの人はむしろ怒る。だから西尾さんは、怒りとは誰もが内心持っている「他人からこう見られたいと期待している理想の自画像」と、実際に他人から下された評価とのギャップのことだ、と分析します。

面白かったのは、こうした西尾さんの――彼は本来ニーチェの研究者ですが、本書ではむしろ現象学的な――筆の運びが、ちょうどデイケアで体験した認知療法と重なっていたことです。認知療法では「気分が落ち込んだとき」「怒りがわいたとき」などの記録をワークシートにとり、感情がおさまり冷静になった後で「なにがいったいそんなに不愉快だったのか」を解析する。そうすると「自分がなにを嫌っているのか」を明晰に把握できるし、思いこみで落ち込んでいた場合は立ちなおれるようになるんですね。

平成には「バズワード」(流行語)という用語が、それ自体バズワードになりました。その単語を使っておけば「それっぽく」見えて、世界の最先端の動向すべてを諳《そら》んじた人間を装える。名詞に2・0や3・0をつけたり、訳せばどうということのない概念をわざとカタカナで書くのが典型です。しかし知的な営為とは、言葉の包装紙を替えて右から左に流していくことではなく、むしろある用語を使うことで「わかったつもりになっていること」の中身に目を凝《こ》らし、誤魔化しなしでも通じるよう平易に語りなおす試みだと思うのです。

これは病気の体験を、未経験の人にも伝わるように書く上でも役立つことでした。いちばんの理想とした体験記は、米国の精神科医(ジョンズ・ホプキンズ大学の医学部精神科教授)にして、自身が激しい双極性障害の当事者でもある女性が書いた、**ケイ・ジャミソン**の⑧『**躁うつ病を生きる**』**（田中啓子訳、新曜社。原著一九九五年）**です。

躁状態で発揮したパワーによる研究面での活躍と、その副作用、うつに転じたときの絶望と苦しみ。治療者であると同時に患者でもあることの複雑さ、その状態での友情と恋愛、あるいは偏見との戦い。それらが品位ある文章で、情感をもって綴られていきます。

自分の病気について書くことは、恥ずかしくない。なぜならそれは、これ見よがしに同情を惹くことでもないし、暗い怨恨を叩きつけることでもないから。それらの感情を昇華し、体験を通じて得たものを公《おおやけ》に「共有」していく書き方の存在に触れて、執筆への勇気をもらうことができたのです。

歴史の代わりに古典を

病気をする前は日本史の学者として、明治維新から高度成長期まではいちおう自分で研究し、また先行研究の成果をお借りして、マクロヒストリー（一千年単位の歴史）の本も何冊か作りました。そのなかでもやはり惹かれるのは、敗戦直後の「戦後初期」ですね。この時代に（ついて）書かれたものは、いまも趣味として手に取ることが多いんです。

最近読んで印象深かったのは、**椎名麟三**の代表作のひとつ⑨『**永遠なる序章**』**（原著一九四八年六月刊）**。単行本や文庫はもう絶版ながら、各種の文学全集に入っているので、図書館で借りれば読むことは容易です。椎名は実存主義の流行を代表する作家ですが、デビュー作

「深夜の酒宴」（一九四七年）は海外の動向とは無縁に執筆され、むしろ投稿先の雑誌を「サルトルの模倣だと思われたくないので、翻訳が出る前に載せてほしい」と急かした逸話が残っています。

貧困のさなかに育った椎名は二十歳だった一九三一年、非合法だった日本共産党の活動家として逮捕。拷問や同志の獄死のなかでニーチェの『この人を見よ』に出会い転向、出獄後はドストエフスキーに沈潜しました。『永遠なる序章』の軸になるのは結核で余命三か月の主人公・砂川安太と、その悪友でありライバルのような竹内銀次郎の対比です。竹内は「死ぬための大義」としてのみキリスト教の神を見いだす一方、にわかに戦後の合法共産党に入党してみるニヒリストで、いわば著者自身の観念的な部分を具現化した存在。

対して実生活者としての著者の投影である砂川は、自身の寿命が見えたことでかえって、貧しさが溢れる周囲の日常に愛おしみを感じはじめます。

今日一日の生活をはじめるのだ。そして人類は、長い歴史を通じてそうして来たのではなかったか。瞬間、瞬間にはじめ、一日、一日にはじめ、永遠にはじめているのではなかったか。たとえはじめることのなかに滅ぶのが人類の運命であっても。

重度のうつから徐々に回復してくる過程で、病前にはさして省みなかった日常の些細なサイクルを、また送れるようになったこと、繰り返せること自体が嬉しい。大文字の思想が優位だった執筆当時を背景として、いささか登場人物が類型的となっている感はありますが、このもう一度「はじめる」ことの歓《よろこ》びを、肉感をもって伝える文体が胸を打ちます。病気を体験していない方が読んでも、回復過程の患者の気持ちを想像する一助になるかもしれません。

執筆時に成立していた社会党首班の政権（四八年三月に退陣）を背景として、同書の後半は「唯物史観」に基づき人類全体の解放を掲げる左翼運動と、主人公の個別的な生との対照が見せ場になります。私も病気を経た結果、日本社会の全体を貫く「通史」によって、なにか統一された針路を指し示すといった発想は、もうやめました。はっきり言えばわれわれの社会において、「歴史」はもう必要ない。むしろ生きていく個々のひとりひとりが、その人にとっての「古典」を持つことがはるかに大事だと、そういう風に考えています。

古典とは、時間をおいて人生のなかで何度も触れなおし、そのたびに新たな省察や発見を与えてくれる作品のこと。聖書やコーランを全員に共通の古典とする宗教社会はいまもありますが、世俗化した自由社会においては、選択は多様であってよい。文学全集や哲学書から選ぶ必要はないし、活字でなくてもいいんです。マンガやアニメを「ぼくのバイブルです」と言ったら軽蔑されたのは昔の話で、いまは富野ガンダムでも『SLAM DUNK』でも、批判する方がむしろ勇気のいる「古典」がいっぱいあるのですから。

私にとっての古典をあげるなら、病棟で網野善彦の次に思い出した作品である、米国のSF作家ジョン・ヴァーリイの中編⑩**「残像」（原著一九七八年）**。現在は『逆行の夏　ジョン・

ヴァーリイ傑作選』(ハヤカワ文庫、浅倉久志ほか訳、二〇一五年)に収録されたバージョンが入手しやすいですが、個人的には慣れもあって『残像』(同、冬川亘・大野万紀訳、一九八〇年)に入っている旧訳のほうが好みです。新訳に際して「盲聾者」が「視聴覚障害者」に替わるのがやむをえないとしても、オージーを「乱交パーティ」と訳すのはいかがなものでしょうか。

最初に読んだのは、たぶん高校三年時だと思います。そのときの衝撃を、これから読む方から損ないたくないので、核心に触れることができないのですが、本作もまたアジールの話――パラレルワールドのような架空の米国史のなかで描かれる、西海岸のヒッピー・コミューンにおける「ありえたかもしれない可能性」を探究した寓話です。目が見えず、耳も聞こえない状態で生まれた男女が結成した独立共同体ケラー(もちろん、ヘレン・ケラーから来ています)の内実が、訪れた「健常者」の男性の視点で語られる。その洞察は深く、仮想人類学とすら呼べるでしょう。

世に映像化不可能をうたう作品は多々ありますが、ほんとうにできないのは本作くらいではないでしょうか。視聴覚が「ない」ことを前提とした世界では、人びとは(われわれの考える意味での)言語を用いずもっぱら身体、すなわち触覚によってコミュニケーションをとることになる。はたしてそれは「不自由」な、成員の「能力が低い」がゆえのしかたない選択なのでしょうか。そうした評価は単に、私たちの社会の前提が彼らと異なるからにすぎず、真の意味で「障害者」であるのが、むしろ狭義の(=視聴覚を通じて伝達する)言語に拘束されている側だとしたらどうでしょうか。

入院病棟やリワークデイケアで、病気を通じて知りあった友人と交際するとき、つねに私の念頭にあったのは本作のケラーであり、これからもそうあり続けるでしょう。人がみずからの規範とする共同体は、その人自身が思索と内省を通じて見いだせばよく、けっして既存の所属集団などに限られる必要はない。そう思い至ったとき、「大学」なる名ばかりの自治を掲げた組織も、現実の制約下に展開した出来事ばかりの連鎖を語る「歴史」も、私にとってはもはや、依拠する理由はないことを知ったのです。

重い病気の際に役立った本というタイトルから、健康ハウツー的なブックリストを連想された方には、ちょっと意外な一〇冊だったでしょうか。しかし病気をする「前の状態に戻る」ことだけが、必ずしも療養や快復のあり方とはかぎりません。むろん、もし戻れたらその幸運を大切にされてほしいと願いますが、病気を通じて決定的になにかが変わってしまったとしても、以前より心ゆたかに生きていける形の新しい自己を見つける。そうした試みにおいてこそ、読書は真価を発揮するのではないかと思います。

本書は語り下ろし（「まえがき」と「あとがき」は書き下ろし）です。巻末の読書案内は、新潮社のウェブサイト「考える人」に掲載されたものです（斎藤環氏の文章は二〇一九年十一月十二日掲載、與那覇潤氏の文章は同年八月六日掲載。加筆修正あり）。

新潮選書

心《こころ》を病《や》んだらいけないの？——うつ病社会《びょうしゃかい》の処方箋《しょほうせん》

著　者…………………斎藤環《さいとうたまき》・與那覇潤《よなはじゅん》

発　行…………………2020年5月25日
10　刷…………………2024年9月30日

発行者…………………佐藤隆信
発行所…………………株式会社新潮社
〒162-8711 東京都新宿区矢来町71
電話　編集部 03-3266-5611
　　　読者係 03-3266-5111
https://www.shinchosha.co.jp
印刷所…………………錦明印刷株式会社
製本所…………………株式会社大進堂

乱丁・落丁本は、ご面倒ですが小社読者係宛お送り下さい。送料小社負担にてお取替えいたします。
価格はカバーに表示してあります。

ISBN978-4-10-603855-6 C0311

精神論ぬきの保守主義　仲正昌樹

西欧の六人の思想家から、保守主義が持つ制度的エッセンスを取り出し、民主主義の暴走を防ぐ仕組みを洞察する。〝真正保守〟論争と一線を画す入門書。《新潮選書》

輿《よ》論《ろん》と世《せ》論《ろん》
日本的民意の系譜学　佐藤卓己

戦後日本を変えたのはヨロン（公的意見）かセロン（世間の空気）か？　転換点の報道や世論調査を分析、メディアの大衆操作を喝破する。刺激的な日本論！《新潮選書》

「維新革命」への道
「文明」を求めた十九世紀日本　苅部直

明治維新で文明開化が始まったのではない。日本の近代は江戸時代に始まっていたのだ。十九世紀の思想史を通観し、「和魂洋才」などの通説を覆す意欲作。《新潮選書》

中国はなぜ軍拡を続けるのか　阿南友亮

経済的相互依存が深まるほど、軍拡が加速するのはなぜか。一党独裁体制が陥った「軍拡の底なし沼」構造を解き明かし、対中政策の転換を迫る決定的論考。《新潮選書》

マーガレット・サッチャー
政治を変えた「鉄の女」　冨田浩司

英国初の女性首相の功績は、経済再生と冷戦勝利だけではない。メディア戦略・大統領型政治・選挙戦術……「鉄の女」が成し遂げた革命の全貌を分析する。《新潮選書》

経済学者たちの日米開戦
秋丸機関「幻の報告書」の謎を解く　牧野邦昭

一流経済学者を擁する陸軍の頭脳集団は、なぜ開戦を防げなかったのか。「正確な情報」が「無謀な意思決定」につながる逆説を、新発見資料から解明する。《新潮選書》